人は本に育てられる／目次

DTP 美創

第一章　好きな本だけ読んでいればいい？

――若き日の読書の喜びと後悔

小学校入学前からむさぼり読んでいた

私は「体は食べ物と運動で作られる、心と頭は本と仕事で育てられる」という言葉に同感しています。

私は終戦後一年余り、まだ世の中が落ち着いていない時期に富山県中新川郡立山町五百石という常願寺川の扇状地にある稲作地帯の小さい町で生まれました。三番目の姉と七歳違い。四人姉妹の四女で、一人っ子のような末っ子でした。「また女の子」と両親は周囲からだいぶ同情されたようですが、両親も三人の姉たちも優しく「眞理ちゃん、眞理ちゃん」とかわいがってくれました。男兄弟がいなかったので、兄弟と比較されることもなく女らしくという圧力のない環境で伸び伸びと育ちました。

父の母、私の祖母は造り酒屋の主婦として八人の子供を産み育て、その町で長年婦人会の会長を務めるなど有力な「強い」女性で、一家の中心でした。上の姉たちは同じ富山県の日本海沿いにある水橋町の母の実家で生まれ、そこで二歳ごろまで育児をサポートしてもらったのに、私は五百石の祖母の家で生まれ育ったからか、祖母はとてもかわいがってくれました。

当時としては早く、三歳から龍光寺という曹洞宗のお寺に設置された五百石保育所に通いました。祖母が保育所の理事をしており、園長はのちに、「はだしの禅僧」として有名になられた関大徹和尚でした。生涯独身で寒修行の托鉢など禅僧として修行する傍ら子供たちをかわいがってくださいました。夏休みに駒澤大学の学生さんが来て私たち子供と遊んでくださったのもよい思い出です。

当時は立派な絵本はなく、毎月保育所で配られる「キンダーブック」、道元さまの生涯を描いた絵本などの冊子も粗末な紙に刷られていました。それでもいつの間にか字を覚え、まわりにある本を手当たり次第にむさぼるように読みました。

姉たちのおさがりである講談社の日本昔話の絵本のほうが紙質も印刷もしっかりしていたように思います。それらの古い本は桃太郎や一寸法師、大江山の酒呑《しゆてん》童子《どうじ》、鶴の恩返しのようなおとぎ話だけでなく、『**静御前**』(義経物語?)、『**安寿と厨子王**』(山椒大夫)などもあり、漢字まじりの絵本を小学校に入る前から読んでいました。アンデルセンの童話の中では『**みにくいアヒルの子**』や『**鉛の兵隊**』が好きでした。

まだテレビもゲームもありませんでした。紙芝居屋のオジサンが夕方自転車で巡回してきて子供たちを集めて、「黄金バット」などの古い紙芝居を見せに来ているのを、五円ほどの料金で近所の子供たちが昆布を食べながら見ていた記憶があります。ラジオの「笛吹童子」や「紅孔雀」のドラマの主題歌も流れていました。日本中にベビーブームで生まれた子供があふれており、今はひっそりしている五百石の町にも子供が多く、近所の神社や田んぼでにぎやかに遊んでいました。

春のレンゲ畑、秋の銀杏《いちょう》など背景の自然が美しい故郷でした。私は友達とも遊びましたが、それ以上に本を読むのが好きな子供でした。

近所の貸本屋の本を読みつくす

小学校に入るころからは戦争未亡人の野中さんという方が経営していた近所の駄菓子屋さんの一隅が貸本屋さんになり、「少年」「少女」「冒険王」「少女クラブ」「少女ブック」などの月刊の雑誌を一泊二日で七、八円の値段で貸してくれました。「**鉄腕アトム**」や「**リボンの騎士**」「**少年王者**」などの連載を毎月楽しみにむさぼり読んだものです。ところが字を読むのが速くなり、こうした雑誌はあっという間に読み終えてしまう。しかしお小遣いは限られている。もっと字の多い本を借りれば長い時間楽しめると子供心に考えて、単行本を借りるようになりました。

海外名作の翻訳本だけでなく、吉屋信子の『花物語』『紅雀』のような戦前の少女小説、佐藤紅緑の『あゝ玉杯に花うけて』『夾竹桃《きょうちくとう》の花咲けば』、吉川英治が子供向けに書いた『神州天馬侠』、山中峯太郎『敵中横断三百里』『緑の金字塔《ピラミッド》』のような少年向けの小説、真田十勇士、柳生十兵衛、忠臣蔵のような講談本、明智小五郎の活躍する江戸川乱歩の推理小説、シャーロック・ホームズ、アルセーヌ・ルパンなどの本は小学校の図書室ではなく、貸本屋で読んだように思います。名前も覚えていない数々の娯楽系の小説を読んだ中には名作も交じっていましたが、小さな貸本屋の面白そうな本はほぼ読みつくし、少し離れた中心街の貸本屋まで借りに行くようになりました。

十歳になるまでは「ためになる本」より「面白い本」を大量に

小学校三、四年ごろからは学校の図書室にも少しずつ本が増えてきました。学校の図書室にはまじめな図鑑や参考書、副読本のような本が多く、貸本屋と比べあまり楽しくないと思いながらぽつぽつ読んでいました。

『**若草物語**』は四人姉妹というので自分と重ね合わせて身近な本として愛読しました。『**秘密の花園**』『**小公子**』『**小公女**』『**赤毛のアン**』の元気いっぱいの少年少女、『**アルプスの少女ハイジ**』『**十五少年漂流記**』『**スイスのロビンソン**』などのような本に影響を受け、自分で庭の隅に秘密の小屋を作ったりしていた記憶もあります。

子供向けの物語に書き換えられていたシェークスピアの『**ベニスの商人**』や『**ロメオとジュリエット**』『**リア王**』『**ジュリアス・シーザー**』など、あるいは『**ドン・キホーテ**』や『**ガリバー旅行記**』『**アイバンホー**』『**二都物語**』『**レ・ミゼラブル**』『**オリバー・ツイスト**』『**嵐が丘**』などは面白くくりかえし読みました。

原作が持っていた哲学、歴史的背景、批判精神は除去されていて「子供向け」

の物語に書き直されていました。しかし大人になるまで、こうした名作も「子供のころに読んだ本」ということで原作を読むのが遅れました。今多くの子供たちは漫画でこうした名作を読み、ストーリーはわかった気持ちになっているでしょうが、大人になってから原作の持つ香気に触れる機会を持ってほしいものです。

このころ読んだ『**アーサー王物語**』はなぜか気に入って繰り返し読み、ランスロットとギネビア、トリスタンとイゾルデなど身近に感じていました。大人になってから夏目漱石の文語調の『**薤露行**《かいろこう》』『**幻影の盾**』などを読み、『アーサー王物語』を漱石も好きだったのだと親しみを感じました。

私は自分の経験から十歳以下の子供は教育上ためになる名作だとか、大人が好む子供を詩的に描いた児童文学より、とにかく夢中になってむさぼり読むような、手に汗握るような面白い本をたくさん、大量に読むのが良いと信じています。その結果、速読術を学ばなくても本を読むのが速くなり、概要を把握できるようになりました。面白くない本は飛ばし読みをし、勉強に必要な本はポイントだけ読むという「カン」も養われました。学校では限られた本を丁寧に読む精読が大事という教え方でしたが、退屈でした。本はある程度のスピードで読まないと面白くないのです。読書は生活の一部になりました。

女の子は「好きなこと」をする時間が少なくて損

当時は活字が少なく本が今のようにあふれていなかったので、国語や社会の教科書も学年初めに買ってもらうと（当時は教科書無償給与制度はありませんでした）すぐに最後まで読んでいました。

文学的な評価の高い子供向けの児童文学、特に日本人の作家の童話『**赤いろうそくと人魚**』『**泣いた赤おに**』は詩的で大人の目から見て子供という存在を美化してロマンチックに幻想的に描かれているからか、あまり魅力を感じませんでした。最近の多くの児童文学書の愛読者も子供より母親などの大人なのではないでしょうか。手塚治虫さんの漫画（「鉄腕アトム」「リボンの騎士」から「火の鳥」まで）はそうした児童文学とレベルが異なり、子供が大人と対等以上に活躍する魅力的なキャラクターにワクワクしました。今の子供たちは「**ハリー・ポッター**」の物語、「**ナルニア国物語**」にワクワクしているのでしょうか。

国語の教科書など、授業で読む前に自分で読んでいるととても面白いのに、授業になって主人公の気持ちはどうだったでしょう、文の構造だ、形容詞だ、段落をどこで区切るとか、漢字の書き順だ、四字熟語だ、などと教えられているとつまらなくなり、国語は好きでない科目でした。本が好きでない子供にとっても国語は楽しくない科目だったでしょう。それより算数や理科は明快で歴史と並んで好きでした。

姉たちは家の手伝いもし、友達とも仲良しの「良い子」なのに、私は本ばかり読んでいて友達ともあまり遊ばない変わった女の子、困った女の子でした。母は姑である祖母から「嫁は本など読んでいてはいけない、蝶が舞うようにこまごました家事をしなければならない」と言われて、家事に明け暮れていた毎日が自分でも残念だったのでしょう、本を読みたければ好きなだけ読んでいればよいと大目に見てくれました。

大人になり結婚し子育ての時期だけでなく、子供の時から女の子は「好きなこと」をする時間が少なく、「やらねばならないこと」が男の子よりたくさんあったので、女の子は損だなとかすかに思った記憶があります。

本を読むのは、罪悪感のあるひそやかな楽しみ

好きなこととの最大のものは本を読むことでしたが、本来すべき勉強や家事には役に立たない楽しみであり、現実の世界からの逃避でした。職務専念義務のあっ

た公務員時代はもちろん、本を読むのを仕事としている教員の多い大学に来ても、いまだに本を読むのは勤務時間中にしてはいけない、サボっているのと同じ後ろめたいことでした。本来すべきことを後回しにしている少し罪悪感のある「楽しみ」で、非生産的な逸楽をむさぼっているようなひそやかな個人的楽しみでした。

しかしとりわけ学校の勉強をしなくても成績が良かったのは、本を読んでいて知識だけは多かったためでしょう。当時は誰も塾などには行きませんでしたし、そもそも塾なんてありませんでした。予習復習もしないで学校へ行く子供が大部分でした。

学校の図書室で読んだ本のうち「面白かった」と記憶に残っているのは『**西洋歴史物語**』。かなり古い本でしたが、エジプト、ギリシア、ローマなどの古代史に引き込まれ、ペリクレス、アリストテレス、ソクラテス、ダレイオス大王、アレキサンダー大王、グラックス兄弟、シーザー、クレオパトラなどの名前が刷り込まれました。また『史記』『三国志』のような中国の書物も愛読し、周公、孔子、孟子、項羽、劉邦、司馬遷などは身近な存在でした。

私が育った当時、中学受験などは存在せず、高校の受験勉強もほとんどしませんでしたが、記憶力の良い時代に覚えた歴史上のエピソードや出来事は何十年たってもしっかり覚えています。この時期に聖書や素読を教えてもきっとしっかり記憶に残ると思います。昔からユダヤ人がタルムード、キリスト教国で聖書、江戸時代の日本では論語の素読を子供たちに教え記憶させたのは、人間形成に役立つ教育だったと思います。

私の小学校高学年時代から家にも白黒テレビがやってきましたが、私にとってはテレビより本のほうが知識の供給源であり続けました。今ではテレビでも良いプログラム、影響力の大きい番組がどんどん作られているのですが、十八歳から東京でテレビを持たない一人暮らしを始めたこともあり、テレビ視聴の習慣は今に至るまでありません。

『坊っちゃん』は面白かった、『吾輩は猫である』は面白くなかった

小学校の三、四年生ごろからでしょうか、学校の図書室に行かなくても家にも読める本が多数あるのに気が付きました。芥川龍之介、夏目漱石、森鷗外などの古くて少しかび臭い、漢字まじりの字がぎっしり書かれた本が土蔵にありました。これは一九四一年夏に中国で戦死した叔父の義雄さん、父の弟の残した本だったようです。

芥川龍之介の『**杜子春**』や『**蜘蛛の糸**』のような子供向けの短編小説は教科書にも載っていましたが、有名な『**羅生門**』や『**地獄変**』『**或阿呆の一生**』などは深く理解できていなかったはずながらも、蔵の本で読んだという記憶とストーリーだけはおぼえています。

夏目漱石の『**坊っちゃん**』は面白く読みましたが、『**こころ**』『**三四郎**』などの青春小説は読んだにしろ、小学生としてどこまで理解していたか、疑わしいものです。『**吾輩は猫である**』『**それから**』『**門**』は読んでみましたが面白くありませんでした。森鷗外も『**山椒大夫**』や『**雁**』は面白く読みました。文語で書かれた『**舞姫**』や、史伝はまだ歯が立ちませんでしたが読んだ記憶だけはあります。文語訳のアンデルセンの『**即興詩人**』はなぜか心に残っています。誰が残したか吉川英治の『**鳴門秘帖**』など挿絵入りの本もたくさんありました。

また母が数少ない愛読書として実家から持ってきたもので、国文の授業で教科書として使った金子元臣さん監修の挿絵入りの厚い『**源氏物語**』の三巻本もありました。へーこれがあの有名な『源氏物語』かと、冒頭の「いずれのおおんときにか、女御、更衣あまたさぶらいたまいける中に、いとやんごとなききわにはあらぬが……」をたどりましたが、もちろん意味もわかりませんでした。それに比べれば『**平家物語**』は漢字にカナが振ってあるテキストだったこともあり、「祇園精舎の鐘の声……」と口調もよく記憶していました。

小学校の低学年のころからお正月に姉たちと百人一首をしました。上の句、下の句は全部覚えていても札がどこにあるかわからず、競技かるたのように取るのが速かったわけではありませんが、いつも一番多く札を取っては得意になっていました。幼いころに覚えた百人一首の和歌は自分の血肉になっていて、今でもふと口ずさみます。

中学生のころには『**万葉集**』『**古今和歌集**』を読み通すことはできませんでしたが、たまに百人一首で知っていた歌人の歌を見るとうれしく、時に心ひかれる歌をメモしたり、解説書を読んだりしていました。

伝記といえば男性の英雄、女性の偉人伝が少なすぎる

このような日本古典に加え、母が好きだった樋口一葉や与謝野晶子などの伝記も、家にあった本は繰り返し読みました。平塚らいてうや津田梅子でなく与謝野晶子だったのは母の影響でしょう。

女性の偉人伝といえば子供のころに読んだのはキュリー夫人、ナイチンゲール、それに紫式部、清少納言でしょうか。もちろん彼女たちの伝記も読みましたが、それよりナポレオン、ベートーベン、先に挙げたシーザーやアレキサンダー大王、あるいは中国の秦の始皇帝や劉邦《りゅうほう》、項羽、孔明など、多く読んだのは圧倒的に男性の英雄たちの伝記でした。

女性の偉人伝は少なく、大学生になってやっと持統天皇の伝記を読みました。北条政子なども私が読んだものでは源頼朝の妻としてだけ描かれていました。クレオパトラも楊貴妃も英雄の恋人、妻として有名で、本人が何をしたという業績は知りませんでした。今の子供たちには、私たちの世代よりもっと女性の偉人伝に触れることができるよう期待します。

学校の教科書も授業で使わなければ魅力的な読み物だったように、高校生だった姉たちの日本史や世界史などの歴史の教科書は網羅的、体系的に記述されており個人個人の偉人が歴史の中でどう位置付けられるのかがわかって、とても役に立ちました。自分の歴史観の骨格は姉たちの高校教科書によって形作られたような気がします。

試験の前ほど本が読みたくなるという悪癖

手当たり次第、活字の書かれた本なら何でもよいとばかりに読んでいた小学生時代から中学校に進学すると、世の中が落ち着いてきたこともあり、学校の図書室が充実してきました。世の中には山のように本があり、自分が読んでいるのはそのうちのほんの一部なのだ、とわかってきました。また町立の図書館が公民館の一角にオープンし、そちらも大人の小説がたくさんあり、いつの間にか貸本屋には行かなくなり、図書館の本を読むのが中心になりました。

中学校の三年ごろから発行された中央公論社（当時）の緑色のハードカバーの**「世界の歴史」**シリーズは読み物としても興味深く書いてあり、繰り返し読みました。しばらくのちには茶色のハードカバーの**「日本の歴史」**シリーズも刊行され、それもかなり愛読しましたが、大学生になってからのことです。「世界の歴史」は基礎的な歴史の流れを描写しており、当時バリバリの歴史学者が書いており、ギリシア・ローマ、秦、漢や隋、唐など有名な時代だけでなく、中世ヨーロッパ、シルクロードなどの世界にも目を開かされました。中でも愛読したのは「ギリシアとローマ」「フランス革命とナポレオン」などすでに偉人伝などで切れ切れの知識のある時代でした。

またこれは町立の図書館だったか学校の図書室だったか記憶はあいまいですが、

ジョーンズの『**星雲からきた少年**』のようなSFも愛読書でした。太陽系、恒星や惑星、他の銀河系あたりまでは夢が広がりましたが、相対性原理、核融合、多次元空間など物理の世界への関心を持つというところまではいきませんでした。コナン・ドイルの『**失われた世界**』や「**地球の歴史**」も興味を持って読んでいたのですが、基本は文学書、歴史書で、理科系への興味にまでは至らなかったのか、指導者のいない、我流の読書の弊害だったと今になって思います。

一方で、特に指導されなかったから、本が十分になかったから本好きになったのではないかと思います。私は娘たちにたくさん「この本を読んだら」「この本は面白いよ」とすすめたのですが、それがうるさかったのか娘たちは本好きにはなりませんでした。

中学生から高校生にかけて一番良く読んだのはいわゆる世界文学全集でした。学校の図書室でも大きな場所を占めていたのは世界文学全集でしたし、大学を卒業し就職して教員になったばかりの姉が、河出書房新社から刊行された世界文学全集を毎月定期的に買っていました。

ドストエフスキーの『**罪と罰**』、トルストイの『**戦争と平和**』、ロマン・ローランの『**ジャン・クリストフ**』など定番中の定番の名作の翻訳を私もせっせと読みました。アンドレ・ジイド『**狭き門**』、ビクトル・ユーゴー『**レ・ミゼラブル**』、モーパッサン『**女の一生**』、スタンダール『**赤と黒**』、バルザック『**谷間の百合**』などなど。定評ある名作とはいえ中学生には理解できない部分も多かったのですが、次々と読み通すことができたのは子供のころからの活字漬けの影響で、本を読むスピードが速かったからでしょう。

高校に進学するとさらに大部の本も読むようになり、今ではとても読む気のしないほど長いロジェ・マルタン・デュ・ガール『**チボー家の人々**』、ショーロホフ『**静かなるドン**』、ドストエフスキー『**カラマーゾフの兄弟**』、ロマン・ローラン『**魅せられたる魂**』などを読みました。

本当は試験に備える勉強や受験勉強をしなければならないのに、こんなに本を読んでいてはいけない、もっと生産的な活動をすべきだと罪悪感にとらわれながらも、試験の前ほど本が読みたくなるという悪癖から脱することができませんでした。

世界観・社会観を形作るうえで影響を受けた本は

世界文学だけでなく、日本文学も明治大正時代の漱石、鷗外、龍之介といった作家以外では谷崎潤一郎、吉川英治なども読みましたが、私小説や自然主義派の小説はあまり魅力を感じませんでした。日本の小説は大正から戦前のものも含め、田山花袋の『**田舎教師**』、林芙美子の『**放浪記**』なども読みましたが、ほとんど感動しませんでした。視野の狭さ、身辺の些細なことばかり描写してこの人は何が言いたいのか、という感じで興味をひかれませんでした。

どうも日本の純文学はこうした身辺の狭い世界を精緻に描いたものが多く、それが文学賞などでも高く評価されています。大きな世界観や歴史観を反映した大河小説などは大衆系、娯楽系と一段低く見る風潮があるのは残念だなと思います。人間の劣っているところ、醜いところに共感し受け入れるより、志を持ち困難に負けない人間を描く小説は翻訳ものほうが多かったように思います。むしろ手塚治虫の漫画が壮大な世界観、人間観を描いて魅力的でした。困難な状況の中でも理想に向けて努力する、壮大な歴史の流れに関与する人間像が、若い私を鼓舞する材料でした。

またそうした名作の原本は子供向けにリライトされたものよりよほど内容が充実しており、ストーリーだけでなく、作家の該博な知識、人生観、歴史観なども反映し、自分自身の世界観、社会観を形作るうえでも影響を受けました。私にとってフランス革命はシュテファン・ツヴァイクの『**マリー・アントワネット**』、ナポレオン戦争は『**戦争と平和**』で理解し、第一次世界大戦は『**チボー家の人々**』から学びました。そうした意味で十九世紀的教養主義の残像の雰囲気に影響されていたのでしょう。まだカミュやサルトルなどの現代文学には触れる機会がありませんでした。

日本文学でも与謝野晶子訳の『**源氏物語**』や、現代語訳された『**平家物語**』『**源平盛衰記**』『**太平記**』などの古典文学のほうを好んで読んでいました。吉川英治の『**新・平家物語**』、山岡荘八の『**織田信長**』なども気楽に読みました。

国語の時間は相変わらず中学生・高校生になっても好きではありませんでしたが、その中で古文や漢文は自分では読めなかった中国や日本の古典の原点に触れられて新鮮な感動がありました。

今でも「力山を抜き気は世を蓋《おお》う」が有名な、項羽の垓下《がいか》の歌など史記の一節、李白や杜甫をはじめ、唐詩の読み下し文を愛読し暗記しているのはそのころの授業のおかげです。漢文の読み下し文の引き締まった文語の語調は今でも大好きですが、史記や論語、唐詩の訓読などは中国の人には通じず、私たちより若い人にも通じず、おそらく今後なくなってしまう文学の分野なのだろうなと思うと少し寂しい気がします。のちに吉川幸次郎さんの『**杜甫**』『**漢文の話**』なども愛読しました。

子供のころのように手当たり次第に読む時期を過ぎ、このころになると自分なりの好みが少しずつ形作られていったように思います。

文学や歴史ばかり読んでいたことを深く後悔

文学と歴史はかなり子供のころから大量に読んだのですが、科学の分野だけではなく政治、法律などの社会科学系の本もほとんど読んでいない偏ったものでした。政治や社会の動きは新聞で読む程度、中学一年のころに安保闘争があり、樺《かんば》美智子さんの死に衝撃を受けながらも、深くその背景を知ろうとはしませんでした。家庭でも学校でも議論することはありませんでした。

現代の課題や、現在の社会の仕組み、どのように法律が運用されているのか、政府や企業の役割や働きなどに関する知識も教科書の域を出ませんでした。自分で興味を持って関係の本を読み込まないと、基礎知識でとどまってしまいますが、中高生の読書力のある時期に、歴史や小説以外の哲学や法律、政治学の古典の名著を読んでおけばよかったと残念です。

のちに中央公論社が紫色のハードカバーの「**世界の名著**」シリーズを刊行した時は毎月買って今でも蔵書としていますが、すでに仕事と家庭の繁忙期に入っていたこともあり、途中で買うのをやめ読み通していません。

自然科学の分野では地球の誕生から古生代、中生代を経て第四紀までの地球と生物の歴史、銀河系やその先の宇宙の話、人類の誕生から多くの古生人類を経て現生人類となり、グレートジャーニーなどを経て世界中に広がったことなど、想像してはワクワクしていました。人体の仕組みや働きなどは興味を持って読みましたが、物理や化学の原理や仕組みについてはほとんど読みませんでした。多くの女性がバイオ系には興味を持つが物理や数学に興味を持たないのと同じ傾向です。

今女性の理系進学者や社会科学系の専攻者が少ないことが、女性が社会で活躍するうえでの大きな弱点になっています。

自分を振り返ってみて、この中学生・高校生の知的好奇心の盛んだったころ、読書する時間も気力もたっぷりあった十代の半ばに、ストーリーの「面白い本」ばかり、文学や歴史ばかり読んでいたのはもったいなかった。もっと小学校高学年、中学生のころに科学分野への関心を持ち、その分野の本を読まなければならなかった、と深い後悔とともに思い返します。

明治の初め岩倉使節団に随行した久米邦武の著した『米欧回覧実記《べいおうかいらんじつき》』の中で、繁栄している欧米に比べ日本が貧しく遅れているのはなぜだろうと考え抜いた末、日本人は西欧人に比べ「知の鈍きにあらず、才の遅れたるにあらず」、資質に差はない、しかしこれだけ差がついたのは日本のリーダーが教養として「四書五経」「古今万葉」を読むだけで実学を学ばなかったのが原因だとしています。

この本は私が公務員を退職し昭和女子大学に来てから読んだのですが、深く共感しました。十九世紀当時の日本と欧米の経済的繁栄、社会の発展の差が教養と実学の学びから生まれたように、社会における男性と女性の違いをもたらしているのもこの若い時から身につけた教養と実学の差なのではないか、とわがことと重ね合わせて実感しました。私は若いころにもっともっと実学を勉強すべきでした。

教養を持っているだけでは食べていけない

私だけではなく女性の教養はリベラルアーツといわれる教養のうちでも文学、歴史に偏りすぎています。もともとのギリシアでリベラルアーツの要素だった論理学、倫理学、数学をカバーしていなければ、法律も経済も科学も学んでいない。ごく一部の「教養」だけ身につけても社会生活の仕組みも知らず職業遂行には役に立たない。自分の生活の糧さえ稼げないのです。ましてや家族を養う収入にはつながりません。

日本の企業人、経営者は教養が足りない、大学でもっとリベラルアーツを教えようという意見を聞くたびに私は複雑な気持ちにとらわれます。もちろん教養を持っているに越したことはない。それは人生を見る眼を深くし、生活を楽しむことを可能にする。しかしそれだけでは自分で「食べていけないよ」と。

女性にとって教養しか身についておらず、専門職のための専門的知識を身につけなかったのは現実の世界で生きていくうえで大きなハンディキャップなのだ、と後悔を込めて痛切に思います。もっと社会で必要とされるスキルや技術、専門知識を身につけなければならない、今の社会の仕組みや流れを理解し、その中で活きる専門知識として法律や経済学、あるいは物理や数学を学ばなければならないと、現在の中学生、高校生の少女たちに伝えたいと思います。

ギリシアの市民も、ヨーロッパの貴族やブルジョワもあくせく働かなくても暮らせる資産とそれから得られる収入があったから教養を身につけ、人生を楽しみ政治にいそしむことができました。日本でもひとにぎりの資産階級の人はそれが可能だったのでしょうが、多くの中産階級の男女は自分で働き所得を得なければなりません。

これから人口が減り貧しくなる日本を何とか盛り立て持続させるためには、情報、科学、技術、あるいは法律、会計などの社会で必要とされるスキルや専門性を身につけることが必要だと声を大にして言いたいと思います。これからの時代、夫に稼いでもらって教養だけ楽しんでいる女性が人生を全うするのは困難です。そういう妻を養える男性はいるにしても稀少で絶滅危惧種です。

十代では現実の社会を学べる本を読むべき

現在でも小学校から高校までの女の子は本をたくさん読んでいます。読書調査をすると女の子の読書量は男の子を常に上回っています。しかしその読んでいる本が文学に偏っているのは問題です。女性は成長してからも人間の心について、恋愛について、家族との関係については多くの、いや多すぎる情報を持ち、まわりの人を観察し、行動の背景を洞察し、発した言葉を分析し、深読みする傾向があります。男性はもっと単純です。

女性も子供のころは好きな本を手当たり次第に読むにしても中学高校から大学の十代のころはもっと広い世界に興味を持ち、現実の社会に目を向けるべきです。

年齢を重ねた今なら文学に描かれた強烈な個性的な人間像に距離を持って接することができますが、若い時にはその魅力に幻惑され、影響されてしまいます。現実の自分が生きる人生と、文学の世界は別物という事実を認識しなければならないのです。この点では、『**更級日記**』の少女が『**源氏物語**』に読みふけり、作中の人物に自分を重ね合わせ、将来を夢見ていた平安時代と大きな変わりはありません。

そうはいっても昨今では、本さえ読まず、現実の事物に触れることもなく、生身の人間付き合いもしないでSNSやゲームの世界におぼれている若者も多数います。それに比べれば本はそれより耽溺《たんでき》性が少ないのでベターな楽しみではありますが（私は本中毒、活字中毒の気がありますが）。

女の子が自分で好きで読んでいるのだから好きに読ませておけばよいと干渉しないで自由にしておくと、私のように偏ってしまいます。文学で人間の多様さ、恋愛の機微、人生の哀歓を知るのは無駄ではありません。しかしそれ以上に現実の世界にはいかに多くの解明すべき未知の現象があるか、解決すべき課題が多いかを知ることも必要ですし、それがワクワクするほど楽しいのを十代のうちから知ったほうがバランスがとれるのではないでしょうか。

小説、文学など読んでもいいのですが、もっともっと読まなければならない本が文学以外にあります。古典は詩と小説だけではないのです。

少女たちの周囲に哲学者、数学者、科学者、実業家など現実の社会で活躍した人、社会の発展に貢献した人についてもっと紹介する、伝記を充実させる。図鑑から始まって事実を情報として伝える本をしっかり読むという環境を作らなければならないのではないでしょうか。

科学分野の面白さを伝える読書指導が必要

教室で教科書を通して理科や数学を教えるだけでなく、こうした科学分野の面白さを少女たち（もちろん少年たちにも）に伝えるにはどうすればよいのか。読書指導が国語指導の一環として行われていますが、もっと科学系、法律系、経済学系、社会学系の教材を取り入れ、ポイントを押さえて趣旨を理解する、概要を他人に伝える、科学的に論述する文章を書いたり、人前で論理的に話すという訓練をすべきだと思います。アメリカの高校の理科や歴史の教科書はエピソードなど大量の情報が記載されています。

中学高校の国語の教育関係者は文学系の人が多く、それが昔ながらの読書指導が改善されない理由なのではないか、と危惧を感じます。学校の先生に任せておくだけでなく、大人、特に実務に携わっている人が子供たちが理解できるように書かれた、しかし内容のレベルの高い本を選び、子供たちの手の届く身近なところに提供することが大事だと思います。

とはいうものの幸か不幸か私の二人の娘たちは私のような本好きではなく、二人とも理科系に進み専門職についています。それは自分の反省から女性のキャリア設計として私が推奨したのですが、やや社会人としての知識や教養が足りず、「えっ、こんなことも知らないの」と驚かされます。「どうして子供のころに本を読まなかったの」と聞くと、「ママがいつも本を読んでいて家じゅうに本があって、これが面白い、あれが面白いと本を読むことばかりすすめるので嫌になった」と言っています。

教育は本当にむつかしいです。

第二章

手当たり次第乱読を続けた大学生活

——就職活動で初めての挫折

姉三人は富山県内で進学。末っ子が初めて東大に

一九六五年四月、私は東京大学に入学しました。母校の富山中部高校は県内トップクラスの進学校だったので、毎年十人以上が現役で東大に進学していました。私も実態は知らず名前だけで東大に憧れている高校生でした。女性が浪人をして進学することは当時は考えられず、何とか現役で東大の二次試験に合格して、「サクラサク」と電報が来た時は非常にうれしかったのを覚えています。いつも感情を表に出さない父もとても喜んでくれたので思わぬ親孝行ができました。

今になってみると東大に入学した後何を勉強したい、何を目指そうという目標はなく、東大に入ることが目標という情けない高校生でした。卒業後公務員になるのなら法学部に進学する文科Ⅰ類を目指すべきで、男子同級生はそう選択していたのに、将来どういう仕事をするかイメージがないまま文科Ⅲ類（文学部）に

進学しました。当時女性の仕事として一般的だった教員は自分には向いていないとわかっていたので、具体的な職業と結びつかないまま、本を読んだり書いたりできるといいなと思って文Ⅲに進学した世間知らずでした。

それでも「渓の水汝も若しよき事の外にあるごと山出でて行く」という与謝野鉄幹の短歌のとおり、外の世界、東京に出れば、東大に入学すれば、何か良いことがあるような気持ちで、喜々として故郷を離れ東京に来ました。三人の姉たちは富山大学など地元の大学に進学していたので、東京で学生生活するのは私が姉妹の中で初めて。東京の親類は父の妹の叔母だけでした。東大の授業料は月千円と安かったものの東京での生活費は高く、親に負担をかけました。母は女の子が東大なんかに行ったらお嫁の貰い手がなくなるという声にもめげず、「自分も若いころは東京で勉強したかった、せっかく合格したのだから好きなことをしたらいい」と応援してくれました。二年生になると東大の女子寮である白金学寮が増築され、入寮できた時は寮費が安くほっとしました。

第一回の東京オリンピックが終わったばかりの東京は地下鉄や高速道路はありましたが、富山よりごみごみとしていて、木賃《もくちん》アパートなど貧しく小さい家が多いのが印象的でしたが、渋谷などの盛り場には活気があふれていました。地方出身でぽっちゃり小太りだった私は、東京の進学校から来た同級生たちに服装のセンスも、表現力も、態度物腰も圧倒的に劣っていました。当時は現役で東大に進学する男子学生は半分以下。一浪を「ひとなみ」と言い表し、二浪、三浪も珍しくありませんでした。三年ほど浪人を重ねて入学してきた同級生は「おじさん」のようでした。

文Ⅲは演劇・文学青年や学生運動家など個性的な人が多く、まじめな地方の進学校とは雰囲気が違っていました。女子学生は全学部を通じて一学年に九十二名、三%に過ぎませんでした。男子学生の中には「受験勉強の果てにやっと東大にたどり着きました」、という努力型の人も交じっていましたが、女子学生は素晴らしい才能に恵まれて、難なく東大に入学したような人が多く、輝いて見えました。

当時日比谷高校やお茶の水女子大附属、東京教育大附属などの東京の進学校から来た女子学生はみな都会的であか抜けて見えて、話題、言葉遣い、服装すべてがやぼったい自分は、みにくいアヒルの子のようなお上りさんでした。同級生の男子学生は東京女子大など他大学の女子大生との合コン（合同コンパ）や合ハイ（合同ハイキング）に熱心で、東大の女子学生は「女性」としては見られていませんでした。私は軟式テニスクラブという運動系のクラブを中心に活動しましたが、こちらは文Ⅲの男子学生より工学部、法学部に進学する「健全な」学生が多く、卒業後大企業官界など社会で活躍しています。このほか、日本文化に触れたいと東大観世会にも加入し少し謡曲を練習しました。

東大では「本を書いた人」が身近にいる

一、二年生は駒場で一般教養を学びますが、語学をのぞいて、大教室の授業が多く、古いノートを読み上げるだけの教授も多数いらっしゃいました。今になって振り返ってみると、英語は外山滋比古さん（英文学者。のちに『思考の整理学』が大ベストセラーに）がお茶の水女子大から非常勤で教えに来ておられたり、芳賀徹さん（比較文学者。のちの東京大学名誉教授）がまだ専任講師になりたてでフランス語を教えたりされていました。将来活躍される方たちとは当時想像もつきませんでしたが、語学以外のコメントが面白い授業でした。その影響を受けボードレールや『**パーキンソンの法則**』を読みました。また私が大学に移ってから『**好奇心と日本人――多重構造社会の理論**』『**平賀源内**』『**文明としての徳川日本**』などを読み感銘を受けました。ご本人たちは一般教養の語学の初級を教えるのはとてもご不満のようでした。またすでに高名だった政治学の丸山眞男さんや経済学の大内力さんなども本郷から教えに来ておられました。私は大教室の端っこから遠く眺めるだけでした。教科書に指定された書籍より、自分の好みの本を読む傾向は相変わらずでしたが、「本を書いた人」が歴史上の偉い遠い人ではなく、身近にいて生身で活動しているというのは不思議な感覚でした。

同級生が読んでいる本を自分が読んでいないのは恥ずかしい

入学はしたものの何を勉強してよいかわからず、高校時代よりさらに時間はたっぷりあったので、またまた手当たり次第に本を読みました。当時は同級生が読んでいる本を自分が読んでいないのは恥ずかしいと思っていましたが、これは地方出身者のコンプレックスだったのかもしれません。今の学生や若い人が別に本なんか読んでいなくても恥ずかしくもなんともないという感覚とはずいぶん違います。学生として読むべき本の中で自分は歴史や文学に偏っていると自覚していたので社会科学系、自然科学系を読まねばと思い、少しずつ読書分野は広がりました。

岩波文庫が読むべき本を網羅しているように思われており、岩波新書も一般教養書として広い分野をカバーしていました。また当時新興の中公新書が、「科挙」「宦官」など魅力的なテーマの本を多数刊行していて、知らない世界に触れて大いに知的好奇心が刺激されたものです。白川静さんの『**詩経**』は『万葉集』の歌も登場し魅力的でした。軟式テニスクラブの親しい友人が理学部の生物化学科に進んだので林雄次郎『**卵はどのようにして親になるか——発生と分化のしくみ——**』などの入門書も読み、発生のメカニズムの不思議さに大いに感動しました。人間の歴史だけでなく地球の歴史も好きで、四十六億年の地球と生物の進化のダイナミズムに畏敬する感覚は私の世界観の基礎となっています。

少し後になりますがG・R・テイラー『**人間に未来はあるか**』、レイチェル・

カーソン『**沈黙の春**』、D・H・メドウズほか『**成長の限界　ローマ・クラブ「人類の危機」レポート**』など環境問題を提起した本にも触れました。地球温暖化どころではない小惑星衝突や全球凍結により地球上の生物が絶滅したり、爆発的に繁栄する変化を繰り返してきた中で、たまたま今は間氷期。ちょっと繁殖しすぎている人類が環境に重荷になっているので、そのうち三葉虫や恐竜のように大絶滅することもありうると感じていました。盛者必衰ですが、自分が生きているうちは何とかもつだろうと考えるのがおめでたいところです。

親しい友人に触発された分野はほかにもあり、アメリカの黒人解放運動やシェークスピアなども改めて興味を持って読みました。

貧しい学生の経済力で買えるのは文庫や新書が中心で、ハードカバーの厚い本はもっぱら図書館で借りました。大学の図書館は知の宝庫、多くの読んでいない本があり圧倒されました。

『地獄の思想』日本文学の底流にあるのは仏教

中高時代からの延長で日本文学で親しんだのは斎藤茂吉『**万葉秀歌**』上・下巻、秋山虔『**源氏物語**』などでしたが、何度も繰り返し読んで影響を受けたのは梅原猛『**地獄の思想**』でした。富山県の実家も西本願寺系の浄土真宗でしたので、日本の文学の底流にある仏教の影響、生きることの暗い情念やエネルギーがいろんな作家や作品に影響を与えているというのは深く納得できました。源信、親鸞、紫式部、世阿弥、近松門左衛門、宮沢賢治、太宰治などを突き動かしていた暗い情念に、目を開かされました。『源氏物語』で言えば「六条御息所」「浮舟」。他には能の「葵上」「恋重荷」、近松の浄瑠璃「冥途の飛脚」などこの本に触発され親しみを感じて読みました。

またこの系譜では亀井勝一郎の『**日本人の精神史**』シリーズ（第一部「古代知識階級の形成」、第二部「王朝の求道と色好み」、第三部「中世の生死と宗教観」）

も繰り返し読みました。それまで個別に読んでいた『万葉集』『日本書紀』『源氏物語』『平家物語』などが自分の中でつながりました。岩波新書の『天武天皇』、吉川弘文館の人物叢書シリーズの『持統天皇』などの評伝を読んだり、斉明天皇、天武天皇、額田王、持統天皇、山上憶良、大伴旅人・家持などの古代の人々、藤原道長、道綱母、藤原定子、彰子、紫式部など平安中期の人々についても読み込み、オタク的にその時代に浸っていました。『源氏物語』と一条天皇の時代を重ね合わせていました。戦前に発刊された古い本でしたが藤岡作太郎『國文學全史（平安朝篇）』も在原業平、西行、和泉式部などに対するイメージを作るうえで大きな影響を受けました。

しかしこうした日本の文学、歴史、文明に関わる解説や評論を読むのは大好きであったけれど、自分はこうした著作の享受者に過ぎない、とてもその世界の生産者に連なれるほどの表現力も分析力も見識もない、というのが当時の自己認識で、それは正しかったと思います。

様々なジャンルの本を読むようになっても高校時代から変わらず翻訳小説は好きでした。バルザックの人間喜劇の諸作品に読みふけって『**ゴリオ爺さん**』『**従妹ベット**』『**幻滅**』『**ランジェ公爵夫人**』『**二人の若妻の手記**』などフィクションの中の十九世紀フランスブルジョワの生活にやけに詳しくなったり、スタンダールの『**赤と黒**』『**パルムの僧院**』からは野心的な若者の恋と野望に男性というのはこう考えるのだと十分学んだように思っていました。トーマス・マンの『**魔の山**』の広範な教養主義にはついていけませんでしたが、『**ブッデンブローク家の人々**』や『**トニオ・クレーゲル**』の不器用な主人公に自分を重ねて共感していました。ヘルマン・ヘッセの『**車輪の下**』や『**ナルチスとゴルトムント**』(翻訳版は『知と愛』というタイトルでした)も好きで、今にして思うと輪廻と盛者必衰の東洋思想と通じるものがあり親近感を覚えていたのかもしれません。レマルク

『凱旋門』『西部戦線異状なし』やフォークナー**『八月の光』**もぴんと来ないながらも読んでいました。当時大学生の間で人気だったサルトル、カフカ、カミュは読みましたが心はひかれませんでした。その中でポール・ニザンの**『アデン・アラビア』**の冒頭の句「僕はその時二十歳だった。それが人生で一番美しい時とは誰にも言わせない」はなぜか今でも記憶しています。

「日本の女性」についておぼろげに考え始める

こうした日本の古典や世界文学などに親しむ一方で、自分の将来についても考え始めざるを得ませんでした。文学や歴史、評論などの知的な世界の魅力的な生産者になるには、たくさん読んで知っているだけではだめなんだ。丁寧に読み込み、批判し、分析し、説得力のある論理構成をして巧みに表現する力がなければ文筆家にはなれない。また鋭い感覚や表現力をもって独自の創作で架空の世界を作り上げるだけの感性や才能もない。そうであるからには好みのままに文学少女的なロマンチックな世界にだけ浸っていてはいけない、それはあくまで趣味の世界で、実社会で普通に生きていくためには専門的な知識を持ち、まともな職業につかねばならない。生活のスキルと実社会を生きていく知恵（自分には圧倒的に不足していているのを痛感していました）を身につけなければならないと考え始めていました。

一生養ってくれる男性と結婚して好きな本を読んで暮らすという選択肢は、家事能力の乏しさ、女性的魅力の足りなさから見て実現性は薄そうでした。男性の圧倒的多数は自分の成功を内助の功で支えてくれる女性を好ましく思うのが当然で、家事もろくろくできない自分は選ばれないだろうと思いこんでいました。これも正しい自己認識でした。日本の男性は自分が優位にたてるかわいい女性が好きなんだと感じていました。

小説や文学だけ読んでいてはいけないという思いもあって、ほかのジャンルの本もやたらに読み始めました。講義を聴く機会のあった丸山眞男『**現代政治の思想と行動**』『**日本の思想**』、多くの学生が読んでいた川島武宜『**日本人の法意識**』、宮沢俊義『**憲法**』、大塚久雄『**社会科学の方法**』などは興味深く読みました。しかしその世界にどっぷり浸り、何度も読み返すというほどではありません。他の教科書的な本も影響して何とか社会の仕組みがわかり始めたというところでしょうか。しかし、より専門性の高い我妻榮『**新訂 民法總則**』などは面白く読むというところまでもいかず、法律というのは理屈っぽくて面倒だなという意識しか残りませんでした。その中で碧海純一さんの『**法と社会**』は面白く印象に残っています。

歴史や文学と民俗学などの境界的な本もかなり読みました。神島二郎『**日本人の結婚観**』、柳田国男『**遠野物語**』『**海上の道**』、中根千枝『**タテ社会の人間関係**』、高群逸枝《たかむれいつえ》『**招婿婚の研究**』『**火の国の女の日記**』上・下巻、折口信夫『**死者の書**』など繰り返し読み多面的な視点から、「日本社会」「日本の家庭」「日本の女性」についてもおぼろげに考え始めていました。大きな視点から書かれた梅棹忠夫さんの『**文明の生態史観**』はとても面白く、周辺部の日本の可能性と周辺部の人間である女性の可能性に思いをはせました。すっかり梅棹史観のファンになった私は『**知的生産の技術**』『**モゴール族探検記**』などの本も読みました。後年梅棹先生と雑誌で対談する機会に恵まれて感動しました。お年を召し、目が不自由になっておられましたが、私の生意気な意見を「面白いな。ほう、なるほど」と聞いていただいたのは良い思い出です。

マルクスの『**資本論**』は一九六〇年代後半にはすでにあまり学生たちに人気ではありませんでしたが、私も唯物史観の論理は今の時代には通用しないと生意気に批判して『資本論』は途中で挫折し、読み通すことはできませんでした。一方エンゲルスの『**家族・私有財産・国家の起源**』を面白く読めたのは好きな歴史や民俗学をカバーしていたからでしょう。

当時学生の中で一つの勢力をなしていた民青（日本民主青年同盟）の活動をしているまじめな友人たちはいましたが、あまり親しくはなく、「婦人問題研究会」などで女性労働、女性差別について学ぶグループもありましたが、声をかけられた読書会などにもあまり参加しませんでした。女性一般の問題より、自分自身がこの未知の現実社会にどう乗り出していくのかが最大の課題と思っている視野の狭い学生でした。

太平洋戦争で戦死した叔父を重ねた『きけ　わだつみのこえ』

手軽な娯楽として日本の現代小説は有吉佐和子、瀬戸内晴美などの女性作家の作品もたくさん読みました。円地文子の『**女坂**』、有吉佐和子の『**紀ノ川**』などの女性の生き方や人生を書いた本も愛読しました。少し上の第一次安保世代の作家たち、大江健三郎『**個人的な体験**』、柴田翔『**されどわれらが日々——**』などにも親しみを感じて読んでいました。シモーヌ・ド・ボーヴォワールの『**第二の性**』は知的な視点で「女性であること」を改めて考えさせられましたが、キリスト教世界でも日本以上に女性が二級市民とみなされているというのが印象的でした。三島由紀夫も魅力的な作家で『**鏡子の家**』『**近代能楽集**』『**仮面の告白**』などだけでなく『**春の雪**』『**奔馬**』などの新刊も発行を待ちかねましたし、若者の常として太宰治の『**人間失格**』『**斜陽**』などにも共感を覚えました。歌人の中では斎藤茂吉、会津八一、釈迢空（折口信夫）などのやや古い歌人に親しみ、塚本邦雄のような近代的な短歌は敬遠していました。

『**きけ　わだつみのこえ**』『**はるかなる山河に**』『**わがいのち月明に燃ゆ**』などの戦没学生の手記も戦死した叔父の義雄さん（東大卒業後すぐに出征し戦死しまし

た）を重ね合わせながら読んだものです。当時はまだ太平洋戦争で息子や夫、兄、弟、友人や教え子を失った人が多数生きていて、生き残った者の責務として平和を守らなければならないという思いが日本全体のコンセンサスでした。

日本が七十九年にわたって平和を保つことができたのは、亡くなった三百万人以上の一人一人の生の記憶と彼らに対する哀惜の念を多数の国民が共有し、戦争は悪だ、戦争だけはしてはいけないと強く思っていたからだと思います。私がその思いを共有している最後の世代なのは、そのころに読んだ戦死者・戦没者の手記をはじめとする反戦平和思想関係の本の影響でしょう。二〇一一年に九十二歳で亡くなった叔母の遺品を整理している時、仏壇の中に七十年前、中国の戦地から妹である叔母にあてた叔父の手紙が大事に保管されていたのを見て感動しましたが、そうした戦死した人への思いを持つ人はどんどん世を去っています。

学生運動の闘士たちにはビジョンがなく、共感できず

大学一、二年生のころの駒場のキャンパスでもタテカン（立て看板）が立ち並び、ベトナム戦争反対などの集会やデモやアジ演説、クラス討論が行われていました。それは日常的な学園生活の一部で私もたまに集会に参加していました。

三年になり本郷に進学した際には、文学や歴史は趣味として楽しみ、本業は別に持たなければならないと思って心理学を選びました。しかしちょうどそのころ東大紛争が医学部から始まり、ほかの学部にも広がり騒然とした雰囲気になってきました。全学ストということで授業はボイコットされました。昭和女子大に来てから大学での専門は何ですか、と聞かれるたびに小さくなって、大学紛争の時期であまり勉強していません、と正直に答えています。当時ストライキで授業もゼミもない中で、学生同士が自主ゼミと称して一人では読み通せない本をみんなで読もうという動きがありました。その中でガルブレイス『新しい産業国家』、

リースマン『**孤独な群衆**』などアメリカの社会を描いた本を読みました。交代で章ごとのポイントを報告し議論するこの方式は、好きな分野ではない本の読み方の一つですが、指導者がいないのでやや突っ込み不足になりがちで物足りませんでした。

学生の間では実存主義のサルトルやカミュ『**異邦人**』、羽仁五郎『**都市の論理**』などが人気で、「朝日ジャーナル」がよく読まれている週刊誌でした。大学闘争の始まる前に同誌に連載されていた大佛次郎の「**パリ燃ゆ**」はパリコミューンの丁寧な分析で、フランスの学生たちの五月革命など当時の世界の風潮も先取りしているように感じました。中国の文化大革命、ベトナム反戦運動もあって、日本は高度経済成長のただなかだったにもかかわらず、学生たちの雰囲気は反権力・反成長主義でした。「東大解体」「造反有理」などの看板がキャンパスにあふれていました。従来の共産党と異なる新左翼のセクトが次々と生まれ、お互いが鋭く対立して、ノンポリ学生の私はうろうろするばかりでした。学生運動の闘士たちと話をしても、現実の社会に問題は山積しているのは当然としてそれを破壊すべきと言うばかりで、「ではどうすればよいか」「こうしよう」という提案はありませんでした。

「朝日ジャーナル」に連載されていた高橋和巳「**邪宗門**」からは知らなかった現代史の一端を学び、インテリである人間の苦悩が身近に感じられました。ドストエフスキー『**悪霊**』を思わせるニヒリズムが、のちの赤軍リンチ事件にもつながっていたのかもしれないと今になって思います。同著者の『**悲の器**』も読み、だいぶのちになって妻である高橋たか子さんの『**夢の浮橋**』のような本も読みました。当時の私の人間観は悲観的で明るいものではなかったので高橋和巳に共感したように思います。歴史好きだと思っていた自分も近代史、現代史については十分知らないことを痛感しました。

社会での役割を期待されていなかった東大女子

三年生後期から就職が学生たちの話題に上り始めます。

いまさらですが、東大の女子学生は社会で役割を期待されていないはみ出し者というか、毛色の変わったマイノリティなのだと痛感しました。当時日本は製造業を中心とした高度経済成長のまっただなか。私生活は二の次にして、会社人間として滅私奉公できる、健康で忠誠心のある男性社員を企業は求めていました。男性の東大生は幹部候補生として将来が期待され、就職してから丁寧に育てられますが、女性はどうせ結婚・出産で辞めるから育てるには値しないとみなされて、東大を卒業しても採用試験さえ受けさせてもらえませんでした。

親しい友人たちの何人かは研究者を目指して大学院に進学しました。大学闘争の中で大学教員という職業は批判されていましたし、自分のように興味の焦点が定まっていない人間は研究者には向いていないと自覚していたので、就職しようと思っていました。しかし男女雇用機会均等法制定以前、民間の企業は四大卒の女子を全く募集しておらず、NHKや新聞社の少数の女性の採用枠は何百倍という競争率でした。NHKに採用された一年先輩の女性もアナウンサーとしての採用でした。横を見ると男子学生は闘争中でも企業から引っ張りだこで、山のように会社案内の資料が送られてきていました。

先輩が会食に声をかけてきたり、工場見学と称する〝ご招待旅行〟がありましたが、女子学生は全く無視です。さてどうしたものだろうと就職相談室に行くと、「女子学生は受験に強いから公務員試験を受けるといいよ」とアドバイスを受けました。確かに大学院に進学しないなら高校の教員か、公務員しかない。教員に向いていないなら公務員しかないなというネガティブな選択の中で、慌てて公務員試験の問題集を買ったり参考書を読んで勉強した甲斐があり、何とか合格しました。しかし試験に合格しても採用有資格者となるだけで、個別の省庁に改めて採用されなければなりません。公務員試験の上位合格者は大蔵省（当時）、通産省（当時）などの人気省庁に採用されていきますが、どの省庁も女性は採用してくれません。当時毎年女性を採用しているのは労働省（当時）だけでしたが、法学部出身の同級生がすでに内定済で可能性はないと言われ困っていたら、総理府（当時）で採用していただけることになりました。当時の秋富公正官房人事課長（のちの総理府総務副長官）のおかげです。秋富さんは亡くなるまで「僕が採用した眞理ちゃん」と心にかけてくださいました。

公務員として公共の目的に奉仕したいという志もなく、総理府がどんな役割を担う役所か十分に知らないままに就職したのですが、そこで思いがけず次の時代が必要としている新しい仕事や多くの素晴らしい方々との出会いに恵まれました。私にとって大学より総理府が人生と社会を学ぶ場でした。多くの日本の企業も、採用する新卒社員は一定の知的水準を持っていれば十分とみなし、仕事で必要な知識やスキルは就職してから教えればいいと考えていました。

公務員という仕事を通じて私は多くの知識や経験を得て、それまでの目的のない手当たり次第の乱読とは違った学びと読書の中から、自分の社会観や人生観、勤労観を形成していくことになります。

第三章

「男は仕事、女は家事育児」が当たり前？

——仕事を始め芽生えた違和感

初めての配属先で学んだ、個人の意見を書かない報告書の書き方

一九六九年七月一日、私は総理府に入職しました。東大紛争で卒業が六月末と三か月ずれこんだからです。同期生は四人、私以外は三人とも東大出身の男性でした。新任研修が終わり人事課で配属先からの迎えを待っていると、テレビはちょうどアポロ11号の月面着陸の中継放送をしていました。私も社会と人生の新しい一歩を踏み出すのだと奮い立ったものです。

配属先は内閣総理大臣官房広報室の世論調査担当でした。総理府は旧内務省出身者が中心でしたが、それ以外に様々なルーツの出身者がおり、広報室の部署は国立世論調査所の仕事を引き継いでいました。世論調査出身で内閣調査室や、賞勲局などに配属されている先輩方が出入りし、夕方の終業時間後はどこかからお酒が出てきて談論風発していました。今や職場でアルコールを飲むなど厳禁です

が、新卒の私は職場というのはこんなものかと批判もせず、オジサン公務員の働き方、考え方に急速に染まっていきました。当時は職場旅行も頻繁で、一九七〇年の大阪万博は世論調査担当チームで自家用車に相乗りし一泊し見物に行ったのを覚えています。

「国民生活に関する世論調査」「社会意識に関する世論調査」など広報室独自の調査では、「中の上」「中の中」「中の下」と回答の九割近くが自分を中流だと認識していました。他には「外交に関する世論調査」は外務省、「税金に関する世論調査」は大蔵省、「医療に関する世論調査」は厚生省（当時）というように、各省から持ち込まれるテーマに沿って調査を設計し、中央調査社など民間調査機関に委託して実施した調査の結果表が出てきたら、それを分析し報告書にまとめるのが仕事でした。

二、三人で一つのチームを作り、先輩の課長補佐や係長がいわば下士官で新兵訓練をするシステムになっていました。一つのテーマを四、五か月で完成させ、年間三～五本担当します。勤続年数二十年以上のベテランの事務員の女性や、同年齢の慶應義塾大学卒のアルバイトの女性などは、事務処理能力、対人能力、気配りの面で私よりずっと優れていて、自分には何ができるのだろう、何か強みを見つけなくてはと当初は悩みました。私は役に立たない知識ばっかり持っていて、事務処理は不器用で、ヘマの多い「使えない」駆け出し公務員に過ぎませんでした。

今になってみると自分では意識していませんでしたが、テーマごとに基礎資料、関係書籍・報告書などを読み込んで調査の原案や報告書のたたき台を作る仕事が、雑学好きな私には向いていたようです。報告書には個人の意見や思いを書くな、一般の人にわかりやすく書くようにと指導され、私が書いた報告書の原案は元の姿をとどめないほど直されました。一般に国家公務員が作成する国会答弁などは何を言っているかわからないほど持ってまわった長い文章が多いのに対し、世論調査報告書ではわかりやすい文章を書くことを最初に仕込んでもらえたのは公務員としては特別な経験でした。

公務員として本流の官房総務課に配属され国会審議、法案審議にあたっていた同期生や沖縄返還を担当する部局の同期生が、会議や議員質問のメモ取り、国会対応などで長時間労働・深夜労働を強いられていたのに比べれば、広報室は八時、九時までには帰れる「楽な」部署でした。女性だからということで配慮されたのでしょう。

『社会調査ハンドブック』『世界の公害地図』必要に迫られ読んだ本

福永武彦『草の花』『廃市』『海市』などのロマンチックな小説に親しみ、庄司薫『赤頭巾ちゃん気をつけて』、塩野七生『ルネサンスの女たち』『チェーザレ・

ボルジアあるいは優雅なる冷酷』などの小説を読む時間もありました。相変わらず日本の古典文学も好きで、馬場あき子『**鬼の研究**』『**式子内親王**』に親しみ、円地文子さん、有吉佐和子さんが次々と魅力的な著作を出され『**なまみこ物語**』『**華岡青洲の妻**』『**複合汚染**』も読みました。

話題になっていたピーター・ドラッカー『**断絶の時代**』も真っ先に手に取り、先見性に魅了されました。その後ドラッカーの本は何冊も何冊も読むことになりましたが、学生当時より仕事や社会で経験を積んだ後のほうが共感できたように思います。

仕事で必要に迫られ読む本も数多くありました。林知己夫『**サムプリング調査はどう行うか**』、安田三郎『**社会調査ハンドブック**』、統計数理研究所が継続して行っている「日本人の国民性調査」の報告書なども参考書としてフォローしました。大学の研究者の方々が数百人、時には百人以下の少数の調査対象者を多変量解析などで細かく分析して「理論」を展開していたのに比べ、広報室ではどんなに小さな調査でも三千人、大きい調査では一万人以上を対象としていて、恵まれた環境だったと思います。私にもう少し数学的素養と才能があれば、社会調査はまだ新しい分野で専門家も少なかったので、その分野の専門家になる可能性もありました。しかし私は調査の手法や統計的な分析より、その時々に担当する社会的、行政的テーマのほうが面白く感じられ、質問の設計のほうに時間とエネルギーを割いてしまいました。職場には大手新聞五紙、「中央公論」・「文藝春秋」などの月刊誌、続々と創刊されている週刊誌なども山のようにあり、常に新しい情報に触れられる環境でした。

学生時代に自主ゼミで学んだガルブレイスの初期の著作である『**ゆたかな社会**』には一足早く豊かさを実現したアメリカの事例が書かれていて、日本の経済成長の果実が国民にも及ぶ時代を想像することができました。しかしその後アメリカはベトナム戦争で大変苦しみます。「ベストアンドブライテスト」のエリートたちがどうして泥沼に入っていってしまったのか、考えさせられました。学生時代は「ベトナム戦争反対」と叫んでいましたが、アメリカが参戦した背景までは考えが及びませんでした。外部の批判者でなく、政府内部の担当者として社会的課題にむきあう姿勢は、公務員時代に身につきました。公務員内部の思考方法は外の世界では受け入れられないようで、民間企業に就職した友人たちにとっては「天下国家」は関心の外へ消えていっていましたが、私はいつも社会に関心を持ち続けていました。

個別事例の迫力に圧倒された『苦海浄土』

全く知らない分野のテーマを担当するごとに入門書、新書や選書のレベルの本を読んで「土地勘」をつけ、担当部署からもらった審議会の答申や報告書を読み込み、さらに関係する新聞・雑誌の抜粋や切り抜きなどを読んで何が論点となっているか、マスコミのトレンドは何かを把握して、調査を設計しました。

当時は経済成長のマイナス面としての公害に関心が集まり出したころでした。総理府にはのちに環境庁（当時）の母体となる公害対策本部が設置され、「公害に関する世論調査」を担当しました。都留重人編『**世界の公害地図**』上・下巻の後、『**公害の政治経済学**』などの専門書も何冊か読みましたが、石牟礼道子『**苦海浄土　わが水俣病**』の個別事例の迫力には圧倒されました。

少し仕事に慣れた一九七一年、高校時代の同級生で東大の工学部に進学した坂東君が大学院修士を修了し就職したのを機に結婚しました。

世論調査の仕事はそれなりに楽しかったのですが、二年ほどたつと、このままでは次々と新しい分野の調査を担当し細切れの知識を持っているだけで、公務員らしい仕事をしないまま専門分野を持てず中途半端になってしまうのではないかと不安になりました。そんな時、総理府が府をあげて取り組んだ大課題だった沖縄返還が一九七二年五月に実現し、大規模な人事異動が行われ、私も青少年対策本部に異動になりました。

『緋文字』から『性の荒野』へ。アメリカの価値観の変化

青少年対策本部では青少年問題審議会、「青少年白書」を担当する係に配属されました。第一子の妊娠・出産と重なったため最初の年は十分な貢献ができませんでしたが、青少年という一つのテーマで腰を据えて勉強できるというのは新鮮な経験でした。青少年問題審議会委員で若手の論客だった松原治郎（当時東大助教授）の『**核家族時代**』『**現代の青年　変動期における意識と行動**』が教科書でした。エリク・エリクソン『**自我同一性　アイデンティティとライフ・サイクル**』ではアイデンティティクライシスという概念を知り、エーリッヒ・フロム

『**自由からの逃走**』や、青少年の性意識・性行動に関する調査報告書も青少年対策本部が報告書としてまとめていました。

当時のアメリカはホーソーン『**緋文字**』に代表されるピューリタン的価値観からの急激な脱却、ピル解禁と、恋愛・結婚をめぐる状況が激動の中にありました。多くのドキュメントやレポートに目を通しましたが、『**性の荒野**』などが印象に残っています。私が好きだった『**クレーヴの奥方**』や『**狭き門**』のプラトニックラブとは異なる世界が始まっていました。

一九七二年、田中角榮さんが出版された『**日本列島改造論**』が公務員の必読書となりました。田中さんが総理大臣になられた一九七三年度は予算が拡大し、新事業も増えていきました。同年には「青年の船」プロジェクト、東南アジアをにっぽん丸という船に乗って約二か月間巡航するという仕事もしました。全国から集まって乗船した当時の青少年との縁のいくつかは今も続いています。

部署名でなく個人名で発表したいという願望

青少年対策本部の隣の係が「世界青年意識調査」という国際比較調査をして社会から注目されていました。法務省から出向の千石保参事官、文部省(当時)から出向の遠山敦子参事官補佐(のちのトルコ大使、文部科学大臣)が『**比較日本人論**』という本を出版されました。公務で得た知見を著書として出版することに批判を言う人もいましたが、身近な公務員でも本が書けるのだと大きな刺激を受けました。イザヤ・ベンダサン『**日本人とユダヤ人**』やそれに続く山本七平の著作により、日本人論に関心が集まり始めていた時だったので、とりわけ印象的でした。

まだ係長レベルだったにもかかわらず、上司の池木清参事官補佐が青少年白書を書く機会を与えてくださり、白書のテーマの設定の仕方、材料の集め方、論述の仕方などを実戦で身につけることができました。国勢調査などの政府統計には膨大なデータがあり、切り口次第で様々な「現実」を示すことができるのは面白い仕事でした。当時は経済企画庁（当時）の「経済白書」が白書中の白書ともてはやされていましたが、官庁エコノミストの大集団が取り組む経済白書は専門性が高く、とても真似できるものではありませんでした。

しかし同じ経済企画庁から出されている「国民生活白書」は毎年興味あるテーマをわかりやすく書いており、世論調査を上手に引用・活用していました。こういう現在の社会課題を分析する白書を書きたい、こういう白書なら書けるのではないかというのが当時の私の「野心」でした。企画調整係から調査係へ異動になり担当を外れても兼務で白書を書き続け、結局通算四回、青少年白書を書きました。

戦後の貧しい社会で育ったベビーブーム世代が成長した後の日本では、「豊かな社会」で都市化、雇用者化が進み、伝統的家族が核家族になる社会変化が進んでいました。その中で当時の青少年はどのように育っていくのか、彼らの社会規範は失われているのではないかと危機感を持っていました。

白書の特集として豊かで便利な社会で青少年は孤立し連帯感が希薄になっていると論じました。日本の青少年問題の最新の状況や政策、課題や研究について、私が一番よく知っているとうぬぼれていました。

白書を出すと、業界誌や、青少年団体の機関紙、政府広報誌などに時々寄稿を頼まれては青少年白書の解説など書く機会がありました。しかしそうした文章も個人名でなく部署名で書いていたので、いつか個人名で論文やコラムを書けたらどんなに幸せだろう。そういう有名人——名の有る人になりたいというのが当時の私の願いでした。

『第二の性』『新しい女性の創造』アメリカ中産階級の女性の怒りに共感

一九七五年を国際連合が国際婦人年とすることを宣言し、六月から七月にかけてメキシコで世界会議が開催されました。日本からも藤田たきさんを団長とする代表団が出席し、メキシコ宣言、世界行動計画が採択されました。その中に「各国政府はできるだけトップに近いところに横断的に女性政策に取り組む部署を設置すべし」という文言があったため、各省が参加して婦人問題企画推進本部が設置され、その事務局として内閣総理大臣官房審議室（当時）の室内室という変則的な形で婦人問題担当室が設置されることになりました。国連の動きに関する報道は知っていても私にとっては全くの他人事でした。ところが総理府からその室に担当者を出すことになり、私が課長補佐クラスの専門官として異動することになりました。

それまでも仕事と関係なくても乱読の一環として女性関係の本は読んでいました。アメリカではウーマンリブ運動が多くの女性たちを巻き込んで盛んになっているという報道はされていましたし、運動のきっかけとなったベティ・フリーダン“The Feminine Mystique”（翻訳『新しい女性の創造』〈大和書房、三浦冨美子訳〉）も当然読んでいました。第二次世界大戦の勝利の後、戦線から復員してきた男性が職場に戻り、女性たちが家庭に戻ります。郊外の一戸建て、車、家庭電化製品、ホームパーティ、ボランティアという憧れのアメリカの生活はすべて女性の無償活動に支えられていたのです。日本に比べレディファーストのマナーが普及していて女性が強いように見えるアメリカでも、実態は男性たちが権力を握っているのだと告発する、高等教育を受けた中産階級の女性の怒りに共感しました。学生時代に感銘を受けたシモーヌ・ド・ボーヴォワールの『**第二の性**』に次いで、私の女性問題認識の基本を形作った本の一つとなっています。

女性に関する基本認識に大きな影響を受けた本といえば高群逸枝『**招婿婚の研究**』です。『**火の国の女の日記**』上・下巻という、在野で女性史を研究した彼女の自叙伝を読んで感銘を受け、他の研究書も読みました。平塚らいてうの「元始、女性は太陽であった」という言葉にあるとおり日本の古来の結婚制度は妻問婚、娘たちは自分の一族のもとで暮らし、男性が訪ねてくる、生まれた子供は妻の一族が育てる、しかし完全な母系制社会ではなく、官職、地位、職業などは父親から受け継ぐ、という双系制だったという説は納得できるものでした。高群逸枝は専門家からは批判もあったようですが、私が愛読していた『万葉集』『源氏物語』など古典文学から得ていた知識と合致し、現在に至るまで私の日本の女性観の基本となっています。時代が進むとともに中国文化からの影響を受け父系の影響力が強まり、特に江戸時代に儒教の男尊女卑の考え方が武家を中心に浸透し、明治政府がそれを法律で制度化したと思っています。男系の男子の相伝、男尊女卑が日本の伝統だと言う人は日本の歴史を学んでいないのではないでしょうか。

重い腰を上げ日本政府が婦人問題に取り組むことを決めた

女性解放運動の流れをおさらいしておくと、一九六〇年代のアメリカは黒人解放運動が盛んでした。女性の地位向上に大きな影響力を発揮した公民権法第七編「タイトルセブン」は本来黒人の権利保障のために制定された法律でしたが、そこに「女性」という言葉を入れ込んだのは保守派の議員だったといわれています。つまり法が成立した一九六〇年代前半はアメリカでも女性の地位向上はさほど大きな課題ではありませんでした。

女性解放運動がアメリカ社会全体で本格化したのは六〇年代末期から七〇年代初頭です。

一方、一九七〇年代には日本でもウーマンリブ運動が盛んになっていましたが、中ピ連のピンクヘルメットがマスコミで揶揄《やゆ》的に取り上げられていたこともあって、公務員である自分の仕事とは程とおい社会現象と傍観者的に眺めていました。

日本も国連の呼びかけに応えて、政府全体として婦人問題に取り組むこととなりました。婦人問題企画推進本部は三木総理大臣を本部長とし、植木光教総理府総務長官が副本部長、婦人問題担当室長は久保田真苗さん（のちの参議院議員、経済企画庁長官）で、そこに労働省、文部省、厚生省など各省庁から担当者が六人駆り集められます。その一人が私でした。

それまでの婦人行政は労働省婦人少年局の担当で、労働省には森山眞弓さん、赤松良子さんをはじめ錚々《そうそう》たる女性官僚が多数おられました。私は女性論、女性史などはそこそこ読んでいましたが、女性政策、法律行政については全くゼロから勉強しました。しかし「世界行動計画」の中で「性別役割分担が男女差別の根源」という言葉に出会い、それまでの「もやもや」がやっと形になったと感動しました。まさしく女性にとってのthe problem that has no name（名前のない問題）はこれだったのだと、合点がいったのです。

女性の課題が「わがこと」になった育児の悪戦苦闘

私は当時の女性としては恵まれていました。就職の際苦労したとはいえ、職場であからさまな差別はなく、高校時代からの友人と結婚してもそれほど生活は変わりませんでした。しかし子供が生まれるとそうはいきません。六週間の産休が終わり職場復帰をすると、誰に面倒を見てもらうかが日々の大問題としてのしかかってきました。母だけでは足りず、父、姉、ベビーシッター、誰の都合もつかない時は主婦をしている大学の友人などにも頼み総動員しました。復帰後半年で高い倍率を潜り抜けて公立の保育所に入所できた時は両手を上げて大喜びしました。しかしどれだけがんばっても午後六時のお迎えには行けなかったので、近所の方に保育園のお迎えとその後の世話をお願いし、二重保育でやりくりしました。現在、昭和女子大学附属の「昭和こども園」でお迎えに来た母親をおいて子供たちが運動場で遊んでいるのをみるとうらやましく、また幸せな気持ちになります。

育児で悪戦苦闘する中で、女性の課題が「社会問題」ではなく「わがこと」となっていきます。三歳児神話華やかなりしころで、子育てをしない母親として罪悪感にとらわれていました。才能と意欲のある大学の同級生の多くも家庭に入りました。

父が亡くなった後は母が少し自由に動けるようになったので、母に何かと育児応援を頼むことが多くなりました。六十年以上富山だけに暮らしていた母を、知り合いの一人もいない東京に呼び寄せるのは忍びなく、二番目の姉が住んでいた近くの横浜市の栄区（当時は戸塚区の一部）に引っ越しました。母と姉の支援を受け子育て環境は安定しましたが、通勤時間は一時間半になりました。往復の電車の中が私の読書タイムとなりました。満員電車の中で立ったまま本を読むのが至福の時間でした。

机に向かう時は文書や報告書を書くなどの「仕事」をすべきで、本を読むのは、娯楽であり自分の楽しみなので、通勤などの「ながら時間」「すきま時間」をあてるべきだという感覚でした。

「男は仕事、女は家事育児」が当たり前と思われていた時代です。妻が働くのを「許す」夫は理解があるとほめられうらやましがられました。性別役割分担に関していえば、樋口恵子さんなど「国際婦人年をきっかけとして行動を起こす女たちの会」の女性たちが「私作る人、僕食べる人」というインスタントラーメンのCMにクレームをつけて、この問題が少しずつ知られるようになっていきました。

部署を離れても個人として続けた国際女性学会との縁

女性政策、女性行政の基礎知識に乏しかった私が参考としたのは、「婦人の歩み30年」という労働省婦人少年局がまとめた報告書でした。統計や法律・判例など当時の女性問題の動向が網羅的にカバーされていて、それまで青少年白書を毎年執筆していた私にとって、統計を中心に現状を示し、あわせて政策と行政の課題を示しているこの報告書の書き方はとてもなじみがあるものでした。

当時は女性学は研究分野として確立していませんでしたが、様々な分野の学者、研究者も「女性学」について発言・発表を始めていました。

岩男壽美子さん、広中和歌子さん、原ひろ子さんが創設された国際女性学会（現在は国際ジェンダー学会）は、研究者だけではなく、新聞記者、ＮＨＫ職員などの多様な会員が加入し、活発な活動をしていました。岩男さんと原さんの共著『**女性学ことはじめ**』を読み、憧れを持っていた私は、のちに会員となります。岩男さん、広中さん、原さんとは四十年近くのお付き合いになり、一九九五年には岩男さん、原さんに男女共同参画審議会の委員にも加わっていただき、岩男さんに会長をお願いしました。

当時は大卒の女性をビジネス界が受け入れておらず、能力のある女性の多くは研究分野に進んでいました。日本の大学を卒業してからアメリカの大学院で学んだ岩男さん、原さんは日本の大学で教えていました。広中さんはフィールズ賞、文化勲章を受けられた広中平祐さんのご夫人で、当時はアメリカのマサチューセッツ州ケンブリッジで暮らしておられましたが、日本の女性とアメリカの女性を比べると日本の主婦の地位がアメリカの主婦より高い、なぜなら家計を支配しているからだと言っておられたのは、新しい視点でした。

公務員のポストは二年ごとに変わります。一九七五年不本意な人事異動だった婦人問題担当室で新しい出会いに恵まれましたが、一九七八年にはまた人事異動でそのポストを離れました。婦人問題担当室は離れても、個人として国際女性学会の活動は続けていました。『**働く女たちの時代**』『**中小企業の女性たち**』という本について、国際女性学会の方たちと一章を分担して書き、細々と女性の問題の勉強を続けました。

婦人問題担当室は所管する法律や権限がなく、経常業務もありませんでした。「仕事を作るのが仕事」という状態で、久保田真苗室長以下皆よく頑張ったと思います。世界行動計画で要求されている「国内行動計画」を策定した後、各都道府県庁内に婦人問題を担当する部署を作るように要請したり、各省庁に設置されている審議会の女性委員が当時二・四％しかいなかったのを十年後に十％にするという目標値を設定したり、各省庁の人事課長に女性のキャリア公務員を採用するように要請したりしました。

『女性は挑戦する』初めての本を出版

私はぜひ「婦人白書」を出しましょうとアイデアを出し、書き上げましたが、まとめるまで大変でした。青少年白書の経験があるので白書を書くのはお手のものだと自負していたのですが、最初の原稿は各省庁から「権限外のことを書くな」「個人の意見で政府の見解ではない」と散々にたたかれ、何度も何度も書き直しました。削除・訂正の嵐です。けれど、諦めませんでした。白書を書くエネルギーの源は実生活にありました。子育てと仕事の両立に苦しむ中で、女性の問題は自分個人の問題ではなく、女性全体の問題なのだという強い思いがありました。

女性の労働力と就業率が出産・子育て期に低下する結果、年功序列の日本的雇用慣行のもとで「女は使えない」と不利に働くことが諸悪の根源となっていました。女性であるというだけで企業内教育・訓練も受けられない、したがって昇進もできない当時の状況に、強い怒りがありました。多くの才能も意欲もある女性がその力を発揮する機会に恵まれない。私憤が公憤につながりました。

婦人白書は法律に根拠を持ち閣議で了承される正式の白書ではありませんでしたが、第一回ということで注目され、朝日新聞の「ひと」欄に取り上げられました。それが契機となり主婦の友社から『**女性は挑戦する**』という初めての本を出版することができました。

公文書でなく自分の本、自分の言いたいことが思い切り書ける機会を与えられたというので舞い上がり、書きたいことがあふれてきました。仕事時間も育児・家事時間も削れないので睡眠時間を削り、二か月余りで書き上げました。今読み返すと、言いたいことをあれもこれもと詰め込んでいて文章としては未熟で気恥ずかしいのですが、当時の自分の張り切りようが我ながらいじらしいような気がするデビュー作でした。旧姓の菅原をペンネームとして使ったことで、自分では公私のけじめをつけたつもりでした。しかし実際のところ本を書いてもそれほど売れず、話題にもならず、もちろん有名にもならず、一介の公務員として勤務する日々は続いていました。印税が入っても自分の本を買ってお世話になった方や知り合いに配っていたため、気づくと経済的には赤字でしたが、「自分の本が出せた」こと自体に感動し、満足していました。

興味のままに読書してインプットするだけだった学生時代、仕事のために必要な広い分野の読書をしていた駆け出し公務員時代を経て、それ以後は公務のほかに自分の名前でぽつぽつと本を出していただけるようになり、そのためにも読みたい本、読むべき本が増えるという新しいステージに入ったのです。

公務では自分の思いが表現できなくとも、「菅原眞理子」として表現する別の場があるというのは、自分の心のバランスをとるうえでかけがえのないものでした。

そういう「場」があったからこそ個人の意見に執着してはいけない公務員を続けることができたのかもしれません。

第四章

課題解決のヒントは読書にあり

——趣味と仕事が一致

母親に子育てを頼み、半年間の在外研修へ

一九七八年、『**女性は挑戦する**』の原稿を編集者に渡して間もなく私は羽田からカナダに飛び立ちました。人事院の短期研修プログラムで半年間の在外研修の機会に恵まれたのです。母に富山から上京してもらい、子供の面倒を見てもらう態勢を整えての出発でした。

バンクーバーで乗り換えて首都オタワについたのは、まだ雪と氷におおわれている二月末でした。なぜアメリカでなくカナダだったか、今でも不思議がられますが、当時カナダは男女平等法を制定し、世界の中でも女性政策においては先進的な国だったので、連邦政府でその施行状況を勉強するのが第一の目的でした。

個人としてはアメリカに留学する人は多く、日本のマスコミも学界も経済界も、アメリカに目を向けているので他の国に行けば別の視点が得られるのではないか

と思ったのと、大学時代の友人の大芦マサ子さんがモントリオールのマギル大学ビジネススクールに留学していてよい国だと言っていた影響もありました。オタワでは連邦政府の首相直結の婦人問題担当室に相当するオフィスに滞在し、カナダ政府の女性政策について勉強しました。ケベック州だけがフランス語圏だったのですが、連邦政府のすべての公文書が英語、フランス語で書かれ、公務員にもフランス語研修が義務付けられていました。オタワでは日本大使館で参事官をされていた内村俊一さんご夫妻やオタワに長く住んでおられた日系カナダ人の清水さんご夫妻にもお世話になりました。春が一度にやってきた四月上旬から五月末にモントリオール、ケベック、そして『**赤毛のアン**』のプリンスエドワード島などを訪ねた後もう一度オタワに戻りました。

日本では自然を楽しむことも友人と付き合うこともできず仕事と子育てに追われていた私にとって豊かな時間は大きなプレゼントでした。六月下旬にオタワを発ち、ウィニペグ、エドモントン、イエローナイフ、ホワイトホースなどを経て七月にバンクーバーにつきました。バンクーバーに一か月余り滞在し、八月に日本に帰ってくると、「カナダからの手紙」という曲が流行していました。

その後、私より少し早くカナダを視察された読売新聞の記者の深尾凱子さんと共著で『**モザイク社会の女性たち**』という本を出版しました。アメリカのように人種のるつぼではない、それぞれの民族が融け合うのではなく特徴を保ちながら社会を構成しているカナダ社会をモザイクに譬えた書名だったのですが、少しわかりにくかったようです。カナダはアメリカに比べ日本では知られていない国であると同時に、それほど興味を持たれていない国でした。

しかしアメリカより社会保障は整い住みやすく、人々も親切な良い国で、今でも大芦マサ子さんが住んでいるオタワを時々訪れます。

仕事では『経済学』、私生活では『背教者ユリアヌス』を読む

帰国後の一九七八年九月から経済企画庁に出向し、物価局物価調査課や国民生活局政策課で勤務して大平正芳内閣の「家庭基盤充実構想」の基礎となる報告書をまとめました。

経済企画庁は日本経済がオイルショックを克服し、経済大国に向けて力強く成長していた当時の政府のシンクタンク的立場の官庁でした。大来《おおきた》佐武郎、宮崎勇、香西泰、赤羽隆夫、土志田征一など錚々たる官庁エコノミストがマスコミで活躍しておられました。各省庁、民間の大企業からも出向者が多く、自由闊達《かったつ》で、談論風発な雰囲気があふれていました。総理府では本を書くというのは少し後ろめたい（本来の仕事をしないで個人プレーの副業をしていると思われそうな）行為でしたが、経済企画庁では能力のある公務員は本の一冊や二冊、書いて当然、という雰囲気があり、本を書いているということはプラスに評価される雰囲気があ

ったので居心地のよい職場でした。

のちに昭和女子大に来ていただいた八代尚宏さんが編集長だった「ＥＰＡ」という企画庁の庁内報にも女性労働についての論文を執筆させていただきました。経済企画庁のエコノミストの方々に触発されて教科書のようにサミュエルソンの『**経済学**』を読んだり、ガルブレイスの『**不確実性の時代**』、ミルトン・フリードマンの『**選択の自由**』、ドラッカーの『**見えざる革命**』『**マネジメント**』などの本に親しむようになりました。

当時の経済企画庁の本流はケインジアン、財政で有効需要を作り出しそれで経済を成長させるという政策の裏付け理論家が主流でした。しかし、もっと規制を少なくし民間企業が自由に活動すべきだという新自由主義、あるいは通貨供給量を重視するマネタリアンの論客もいて、自由な議論が行われていました。当時は明るい未来論が人気を得ており、アルビン・トフラーの『**第三の波**』で描かれているエレクトロニック・コテージという概念は、今の在宅勤務を先取りするものでした。のちに本郷滋さんという編集者に声をかけていただき、翻訳を旺文社から出版していただいた"Woman of Tomorrow"という本も衛星放送、テレビ電話など科学や技術の進歩が女性の人生や仕事も生活も変えるという内容で、ポジティブな未来を想定していました。

それまでは調査をして統計データを作成する仕事でした。経済企画庁では出てきた統計データを加工し、政策提言をします。経済学者、エコノミストというのは経済理論という視点からあらゆる社会現象や政策にモノ申せるのだとうらやましく、遅まきながら経済学に「かぶれた」のです。日本経済新聞や週刊東洋経済、エコノミストなどの新聞や週刊誌が身近になり、多くの経済関係の「情報」を得るようになりました。

といっても通勤の電車の中で読む本は、辻邦生『**背教者ユリアヌス**』や塩野七生さんの『**チェーザレ・ボルジアあるいは優雅なる冷酷**』、そして田辺聖子さん、円地文子さんの著作と、相変わらず昔からの好みのものが多いままでした。

エコノミストは経済や社会の動きを経済理論に基づいて明快に分析するのでその時は「なるほど」と思うのですが、長い間不条理な歴史や人の心を描く小説を読みすぎていた私は、「人間というのはそんな理性的な存在ではなく、自分でも制御できない情念によって動かされているのではないか」という思いが消えなかったので、経済学に魅力は感じながらもエコノミストにはなり切れませんでした。

国民が自信を持った『ジャパンアズナンバーワン』

ハーバード大学のエズラ・ヴォーゲル教授の『ジャパンアズナンバーワン』(広中和歌子さん、木本彰子さんが翻訳)が出版されたのもこのころで、日本経済と日本国民が元気で自信を持ち始めたころでした。『**日本人とユダヤ人**』を書いたイザヤ・ベンダサンこと山本七平さんが日本の組織、意思決定の特徴を斬新な視点から書いておられる著作もたくさん面白く読みました。日本長期信用銀行にいらした日下公人さん、竹内宏さんなどの著作も人気を博し、経済人でありながら世情に詳しく社会の諸情勢を分析していらっしゃいました。

お二人に限らず日本の良さや強みに関心を持つ人が増えて論陣をはる人が多くなり、学者でない実務家の著作が広く読まれるようになっていました。私も憧れの「国民生活白書」は執筆できませんでしたが、同じ国民生活局の国民生活局政策課で大平内閣が打ち出した「家庭基盤充実構想」の基礎資料として、家庭白書に相当するわが国の家庭の現状と課題――「家庭基盤に関する報告書」――を執筆しました。現実のデータをもとにすると、大平内閣や自民党が「日本の福祉の含み資産」と言っていた家庭がどんどん脆弱になっているのがよくわかりました。

しかし今にして思うと、核家族の夫は稼ぎ、妻は家事・育児という体制を後追いする国民年金第3号被保険者制度、所得税の配偶者特別控除、相続税における配偶者優遇制度などの政策が次々と実施されたのはこの時期です。

また国民生活局長だった小金芳弘さんが主宰する将来の社会や経済を予測するシナリオライティングを研究するチームにも加わり、複数のケースを想定するという手法を学びました。それはのちに『**21世紀のシナリオ——どうなる団塊の世代**』という本を書くことにつながりました。

経済企画庁で女性の生き方、恋愛や家族との関係だけでなく、女性が社会や経済で果たす役割に改めて関心を持ち、『**女性は消費者のみにあらず**』という本をサイマル出版会から出していただきました。大学時代からの友人大芦マサ子さんが親しくされていた税所百合子さんが『**キャリア・ウーマン　私の道**』という本を出版されて田村勝夫社長とお知り合いだったご縁です。いずれも自分としては新しい視点で問題提起したつもりでした。

　また幸運なことに国際女性学会の広中さんや岩男さんなど多くの方々の推薦を得てハーバード大学の Bunting Institute の研究員として留学できる機会に恵まれることになりました。前例がないので反対する人もいたのに当時の総理府の人事課長の栗林さんが「いいじゃないか」と言ってくださったおかげで、退職しないで一年間研究休職として行くことを認めていただいたのです。人事院研修で半年間カナダに行ったばかりなのに、またアメリカに行きたいなどとわがままなことを言っていると組織に居づらくなるよというアドバイスもありました。しかし私はあの憧れのハーバード大学へ行ける、夢を実現できると損得を考えず猪突猛進してしまいました。今回も母が八歳になった子供の世話をするために上京してくれました。

ハーバードでの黄金の日々

一九八〇年九月、初秋の気配が漂い始めたボストン・ローガン空港からタクシーに乗り、大学の指定した宿舎の玄関に大きいスーツケースとともに単身ぽいと投げ出された時は、正直心細さでいっぱいでした。しかし一年に満たない滞在でしたが、そこでの暮らしは私の人生のハイライトの一つとなり、四半世紀後、昭和女子大に勤務するようになるとボストンにキャンパスを有していることもあって、その後も私の人生の大事な拠点となっています。十一年間の公務員生活、仕事と育児で綱渡りを続けていた私にとって、単身アメリカで「好きな研究をしてください」という日々は夢のようでした。

そこではルーシー・アプテカ、メアリー・ジョーンズなどの生涯の友人に出会い、メアリー・ホワイトなど魅力的な方々とも知り合えました。友人の岩城淳子さんが紹介してくださったメアリー・ジョーンズは当時七十歳で、経済的には豊かでありませんでしたが心豊かに人の世話をする、アメリカの草の根の市民の素晴らしさを教えてくれました。週末になると、私を寮に車で迎えに来て、自宅に呼んで食事をし、英文のチェックをしてくれ、いろんな場所にドライブに連れて行ってくれる「アメリカの母」でした。

ルーシーは私と同い年で当時博士論文を書いている社会人学生でしたが、そのころボストン大学のビジネススクールで教えていたジェリー・リーダーさんと再婚し、それ以後ボストンに行くたびに会い、日本も三回訪ねてきてくれました。エズラ・ヴォーゲル教授や、エドウィン・ライシャワー教授もご健在で近くに住んでおられました。

当時は日本の銀行や官庁から多くの留学生がハーバード大学に派遣されており、日本銀行の塩崎恭久さん、日本開発銀行の竹中平蔵さん、九州大の自見庄三郎さんなど、のちに政治家になった方も多数おられました。大蔵省からの江口隆さん、大学院博士課程の学生グレン・フクシマ、咲江さんご夫妻、ビジネススクールの博士課程の院生だった石倉洋子さん、東京女子医大の前田美智子さん、NIRAの塩田さん、東大の石田さんなど、日本にいては会う機会のない魅力的な日本人の方々とも知り合えました。

私が滞在したクロンカイト・センターという大学院生寮は、フロアは分かれていましたが、男性と女性が同じ建物に住んでおり、これにもアメリカは日本と違うなと感心しました。日本にいるころからアメリカの政治、経済、社会については山のように情報があふれていたので、もう別に学ぶことはないと誤解していたのですが、現地で生活してみると、新しい考え方や実態を知り、日本はアメリカの動向に深く影響されていることを改めて痛感しました。

アメリカ社会で活躍する女性への取材を通して見えたこと

私はヨーロッパ十九世紀から二十世紀前半の文学はよく読んでいましたが、アメリカ文学はソローやエマーソンなどで、それほど詳しくありませんでした。当時多数出版されていたフェミニスト文学やフェミニスト評論より、アメリカの現実の社会で活躍している女性に興味がありました。

Buntingのフェロー（研究員）はラドクリフヤードに面したレンガづくりの建物に個室の研究室を与えられ、どの学部にも属さず自分の好きな研究をする、好きな授業はどれだけ出席してもよい、図書館や資料も自由に使ってよいという恵まれた立場で、世界中からサバティカル休暇の大学教授などが来ていました。

アメリカではウーマンリブの運動が吹き荒れた後、女性の職場進出・社会進出が進み始めたところだったので、それを研究テーマとしました。フェミニストたちはするどく社会批判を続けていましたが、それほど社会には影響を与えていませんでした。女性はビジネス界に大きく進出をはじめていました。具体的には、当時ボストンエリアの企業でvice presidentクラスで活躍している女性二十五名にインタビューし、あわせてハーバードビジネススクールで学んでいる女子学生二十名にインタビューをしました。雪の舞うボストンで地図を頼りに知らないオフィスを訪ねてインタビューし、そこで録音してきたテープを当時ハーバード大学の学部学生だったサリー・ソロ（現在はジャーナリスト）に文章に起こしてもらいました。彼女もとても刺激的な記録だと言ってくれました。女性の生き方が変わり始めたアメリカの当事者の貴重な記録だと思いますし、現在の日本の女性と重なり合います。ビジネススクールでも女性はまだ三十%に届いていませんでしたが、どんどん増えている最中で、彼女たちの意気軒昂ぶりに大いに刺激を受けました。同じように才能に恵まれている日本の女性たちは自己肯定感が持てず、孤立していました。東大の同級生が自分たちの前に立ちはだかる障害や困難を予想して立ちすくんでいたのに対し、彼女たちは将来のキャリアに積極的なビジョンを持ち、成功への自信に満ちあふれていました。

特に、何人かの女子学生が「まずキャリアに全力を注いで足場を確立する、その後で子供を持つ（Establish a career first, then I will have a family.）」と言っていたのが印象的でした。キャリアを確立する前の二十六歳になったばかりで子供を産んで職業と子育ての両立に悪戦苦闘した私は、「そうだよね、そのほうが賢い」と、遅まきながら感心しました。

知ったらなんでも書いてみる。『米国きゃりあうーまん事情』

こうした記録と考察は経済企画庁時代に知り合った赤木邦夫編集長のご厚意で週刊東洋経済に三回にわたって掲載していただき、それをもとに書き足して『米国きゃりあうーまん事情』という題の単行本として出版していただきました。インタビューした女性たちは自分たちが苦労してパイオニアとしての道を切り開いてきたからか、みな日本から来た見知らぬ女性研究員に丁寧に答えてくれ、友人の女性を紹介してくれたり、集まりに連れて行ってくれたりと親切にしてくださいました。“Men and Women of the Corporation”という本を書いたビジネススクールのロザベス・モス・カンター教授にもインタビューできました。女性は助け合わなくてはならない、ロールモデルやメンターが必要と言っておられたのが印象的でした。

公民権法第七編が雇用の分野における人種や性別での差別を禁止してからまだ二十年たっておらず、社会進出第一世代の女性はまだマイノリティとして苦闘していました。社会運動としての女性解放運動、フェミニスト運動はもう落ち着いていましたが離婚は多く、家族の在り方も大きく変化している最中でした。離婚した女性の多くは再婚していましたが、前の結婚で生まれた子供、新しい夫との間に生まれた子供、彼の前の結婚で生まれた子供との付き合いなど、新しい拡大家族をマネージするのは経済的にも精神的にも大変なのに、頑張って離婚再婚を繰り返すアメリカ人はエネルギーがあるなーと感心したものでした。しかし四十年を経て日本もアメリカと同じ方向に歩み出しています。

英語の文献を読むのは日本でもできるけれどアメリカ人と付き合い、生の社会を知るチャンスは今しかないと思っていろんな人に会うようにしました。仕事と子育ての間に時間を盗んで本を読むだけの日本での生活とはずいぶん異なって、いろんな人と会い、付き合う時間に恵まれました。

私の人生で英語の文献を一番よく読んだのはこの時期ですが、私の語学力では読むスピード、理解度は日本語よりかなり劣るので、もっと英語の勉強をすべきでした。読んだのは女性関係の論文や本が中心でしたが、「才能ある女性をどう確保するか」「女性がトップになるのを妨げるグラスシーリング」など、日本では採用の壁を乗り越える、M字型カーブを克服すると言っていたのに比較し、女性の社会進出のレベルが違うなという感銘を受けました。当時日本の女性がアメリカのように活躍できるのは遠い遠い未来のように思えました。

アメリカで繰り返し読んだ『古今和歌集』

一方日本経済は躍進を続け、"How to manage our declining industry" という論文が話題になるなど、製造業を中心としてアメリカ経済は不況でした。「なぜ日本にできて、アメリカは……」というTV番組が放映されるほど、日本の製造業の成功が学者や有識者の間だけではなく、一般のマスコミでも話題になっていました。まだプラザ合意前のことで一ドルは二百二十円前後、当時の私の勤続十年余りの公務員としての年収は約二万ドルで、アメリカでは高卒の事務員並みでした。

アメリカ滞在中はできるだけ日本の本を読まないようにしていましたが、何冊かの日本語の本は持ち込んでいました。一番繰り返しめくったのは文庫本の『**古今和歌集**』でした。古今集は正岡子規以来、古めかしい文学の代表のようにされていますが、日本の季節感、恋愛観、人生観の基礎を表しています。湿気の少ない光鮮やかなアメリカで読み返し、改めてその魅力を実感しました。形式的な表現の中に思いを込める手法も、一人一人がアグレッシブに自分の意見を主張するアメリカの中では、これが日本的感性なのだと、より魅力的に感じました。

『無用者の系譜』『無常』と高齢者問題

一年足らずのハーバード大学での研究員の生活はあっという間に終わって日本に帰国し、また前と同じ日本の公務員生活に戻りました。今度は総理府統計局消費統計課の課長補佐でした。経済企画庁、ハーバードの生活と全く異なる世界で、統計の専門家の大集団がきっちりしっかり仕事をする中で、私は統計作成の初心者だったので、改めて経済統計の基本について勉強しました。自分にとっては統計を知り、七十人近い課員の方と知り合う良い機会でした。

統計局は霞が関と離れた新宿区若松町で通勤時間が一時間四十五分ほどに延びたので、通勤読書タイムは増加しました。また英語を何とか維持したいとTIME誌の記事を朗読・録音したカセットテープを電車で聴いたりしていました。

一年足らずで一九八二年には総理府の老人対策室参事官補佐に異動しました。アメリカから帰国後も孫かわいさで同居を続けてくれるようになった母親はまだ元気で、横浜と富山を一人で往復していましたが、いつかは介護が必要になります。自分にとってだけでなく今後の日本にとって高齢化は大課題だと信じていたので、高齢者問題に携わることができるのはありがたいことでした。唐木順三の**『無用者の系譜』『無常』**や、『源氏物語』『方丈記』『徒然草』など昔から好んで読んでいた日本文学の底流には、年齢を重ね衰えていくことへの嘆きが通奏低音のように流れていたので、仕事と趣味が一致したような気持ちでした。ベティ・フリーダンの『**老いの泉**』、ヘルマン・ヘッセなど別の文明における老いにも刺激を受けました。

一九八二年八月には、オーストリアのウィーンで国連が主催する第一回世界高齢者会議が開催され、総理府総務長官の田邊圀男さんが政府代表として出席されることになり、厚生省、労働省など各省代表とともに私も代表団の一員として加わらせていただきました。当時北欧などヨーロッパの先進国は高齢化が進んでいましたが、途上国は高い出生率に悩んでいて、高齢者の数も割合も少なく、会議では六十歳以上を高齢者と定義していました。

日本もまだまだ危機意識は低く、雇用者の定年を一九八五年（昭和六十年）までに六十歳に延ばそうという政策が進められていました。高齢者介護は大きな課題にはなっておらず家族介護が一般的で、多くの「嫁」が介護を担当していました。福祉サービスは一部の貧しい高齢者が対象でしたが、それでは追いつかなくなる時期が差し迫っていたにもかかわらず、日本代表は「日本は高齢者を尊重し、敬老の日を制定しているので各国にも参考にしてほしい」などと一般演説しているような状態でした。

世界会議はマスコミでもそれほど大きくは取り上げられませんでしたが、会議終了後にはまたまた高齢者白書を作りましょうと提案し、「高齢者問題の現状と施策」を書きました。青少年、婦人、家庭、高齢者などの社会状況と政策的課題は日本にとって重要だと信じていたので一生懸命書きました。しかし経済大国の道を自信を持って進み始めていた当時の日本においては、高齢者問題はマイナーな施策としてあまり社会からは注目されませんでした。それだけに研究や執筆をする人も少なく、私も時々記事やコラムを書くチャンスに恵まれました。当時高齢者は福祉の対象と考えられていたのですが、高齢者が社会で活躍するにはどうすればよいか、そのためにはもっと民間のサービスの導入を進めるべきだと考えるようになりました。その後人事異動でポストを離れた後『**ニューシルバーの誕生**』という本を東洋経済新報社から出していただきました。しかしこうした意見は福祉の専門家からは、「高齢者をビジネスの対象にするのか」と評判が悪く、高齢者ビジネスが花盛りの今日からは想像もつかない状況でした。

私は高齢者関係の仕事が好きでもっと長くいたかったのですが、人事異動で日本学術会議事務局庶務課長補佐に異動になりました。そこで第二子を出産することになります。

産休中に書いた『21世紀のシナリオ』

第一子の時と違って管理職直前の三十七歳での出産にまわりは驚きましたが、私としては管理職になる前のその時期がラストチャンスという思いでした。最初の出産の時に比べ、母がほとんど同居してくれるようになっていたのが一番大きな変化でした。それ以外にも私は公務員としての働き方に慣れてきて何とか仕事を続ける自信もついてきたし、経済的にも少しはゆとりが出てきていたので、第一子の時より精神的にずいぶん余裕を持って出産できました。産休の間に『**21世紀のシナリオ**』という本も執筆しました。ハーバードビジネススクールの女子学生の「子供を持つのはキャリアを確立してから」という言葉を改めて思い出し、肉体的には二十代が出産適齢期かもしれないが、精神的、社会的には三十代後半も悪くないと考えるようになりました（現在の女性たちは四十代で子供を持つのも珍しくないのでこれも時代の変化です）。友人のルーシーも私に刺激されてその一年後に再婚相手のジェリーとの間に男の子を出産しました。

日本学術会議は、現在もそうですが、「学者の国会」として政府を批判する声明をしばしば出すので政府からは煙たがられていました。

それを変えようと会員を選挙ではなく学術団体からの推薦で選ぶという大改革が行われた時期で事務局も再編成され、私は新たに設置された情報国際課の初代の課長に就任しました。課員は約二十人、初めての管理職は新鮮な経験で、チームの責任者として仕事をする楽しさ、手ごたえを感じることができました。公務員は入職後二、三年は係員、四、五年は係長で、約八年のアシスタントとしての修業期間の後、課長補佐クラスになり一人前の事務官として仕事ができるようになります。その時々のポストにはそれぞれやりがいを感じ取り組んでいましたが、人事権などの権限はありませんした。

男性キャリア公務員は課長補佐の後半では、筆頭課の総括課長補佐としてその部署を切り回し、マネージする仕事が多く、長時間労働が避けられませんでした。私は女性だからという理由だけでなく個人的な資質も影響して、企画部門や報告書・白書の執筆の仕事に携わってきました。そのおかげで知的な刺激を受け、多くの知識や情報を得、自分なりの問題意識を持って「書きたい」という思いを持ち続けることができたわけで、出世コースのポストでないのは視点を変えれば幸運だったといえます。女性で本省課長級のポストにつく人はまだ一％にも満たない状況でした。その中で本を書きながらも管理職になれたのは幸運以外の何物でもありませんでした。

課長になると、学術会議の会長や副会長でいらした久保亮五先生、藤巻正生先生、利谷信義先生や、猿橋勝子さんなど女性科学者と仕事ができたのが懐かしい思い出です。この方々も珍しい女性の課長としてかわいがってくださり、のちのちもお世話になりました。

『新・家族の時代』女性のみが家庭内福祉の担い手であり続けるのは困難

一九八五年十月には内閣広報室・内閣総理大臣官房広報室（同じ組織ですが内

閣官房と総理府の二枚看板）に異動になりました。初任の部署だった世論調査担当の参事官です。

今まで常に経験のないポストについて、ゼロから勉強していたのに比べ、過去に配属されたポストは土地勘があるというか、すぐに仕事に明確な方針を持って臨むことができてうれしかったものです。

個々の調査の具体的な作問、分析報告書は担当者に任せますが、参事官は相手省庁との方向性のすり合わせをし、調査、発表のスケジュールや強調ポイントを検討・決定します。記者レク（記者の方たちへの説明）は官邸の記者クラブで行いますが、記者さんたちは政治部に属しているので、世論調査の結果より政局に興味があります。シニアの記者はレクにも出てこないので、私のレクを聞くのは経験の少ない若い記者さんでした。

彼らが記事に書きやすいように、見出しになるキャッチフレーズを考え、発表のタイミングを考える。例えばゴールデンウィークに合わせ「旅行に関する世論調査」を発表する時は「旅行は安・近・短で」とか、「勤労に関する世論調査」は勤労感謝の日に合わせて発表し、「安定より収入」などと工夫しました。大きなニュースの少ない月曜日に朝日、毎日、読売、日経、産経などの全国紙の一面トップに広報室の世論調査結果がずらりと並ぶということが何度もありました。もちろん私の名前が出るわけではなく、公務員として高く評価される業績というわけでもありませんが、内心は「やったぜ」と快哉を叫んで自己満足していました。

個人的には中公新書の一冊として『**新・家族の時代**』を書くことができたのはありがたいことでした。それまで経済企画庁での「家庭基盤充実構想」、青少年対策本部、老人対策室、そして婦人問題担当室やアメリカ留学で得た経験を総動員して書きました。日本型福祉の含み資産と期待されている日本の家族が、核家族時代から核分裂家族へ大きく変貌しようとしており、女性の役割が変わる中で家庭内で福祉の担い手であり続けるのがむつかしくなる状況を問題提起しました。しかし実はこのころ、第3号被保険者など日本の家族の伝統を誤解した制度が設定されたのを、残念に思いながら公務員という立場上批判することができませんでした。新書レーベルで出版していただいたので、それまで書いた本のうち一番多くの方に読んでいただけましたが、それでも十万部には達しませんでした。

一九八五年に異動した時は中曽根康弘内閣総理大臣でしたが、八七年には竹下登内閣総理大臣に変わりました。中曽根総理は世論の動向や支持率にとても敏感でいらっしゃいましたが、竹下総理は支持率に恬淡としておられ対照的でした。私は総理ご本人より広報担当の総理秘書官と連絡を取り、指示を仰いで仕事をしました。中曽根総理の時は熊野英昭秘書官、竹下総理の時は渡辺修秘書官、どちらも通産省のエースで、のちにお二人とも通産次官になられました。

広報室にいる一九八九年一月に、昭和天皇の崩御、現上皇の即位がありました。崩御された一月七日は土曜日で誰も出勤しろと命令されたわけではありませんでしたが、自宅にいる気がせず広報室の幹部はほとんどが出勤して時代の変わり目を実感していました。二月のご大葬も新宿御苑で寒さに震えながら下働きをしました。その後リクルート事件で竹下総理は退陣され、私も一九八九年（平成元年）七月、総理府統計局消費統計課長に異動になりました。

どんなに忙しくてもやめられないのが読書。『西行花伝』『海の都の物語』

消費統計課も二度目のポストです。この課は毎月、消費者物価指数と、家計調査の結果を発表しますが、どちらも経済の動向を把握する重要な統計です。とりわけほかの国では不可能といわれる世界に冠たる家計調査は、八千世帯に毎日家計簿を記入していただき、どのようなモノやサービスをどれだけ、いくら消費しているかを集計します。それをGDPの六割を占める個人消費を測る重要なデータとして経済企画庁や日銀、各銀行の調査部やシンクタンクが分析し、景気動向を判断して月例経済報告などに掲載します。私はせっかく作成し山のようにつみあがっているデータ、この宝の山を何とか活用できないかと月に二回の記者レクに合わせ、家計トピックス、物価トピックスを発表するようにしました。「夏の気温とビールの消費」「チョコレートが二月に売れるようになったのはいつから」「卵の値段は優等生」といったようなテーマでA4一枚に分かりやすくまとめました。

記者の方々にコラムなどで取り上げていただき、毎月の結果より大きく報道されるようになり、今でもテーマを変えつつ続いています。統計に携わっている課員たちも、自分たちが作成した結果がマスコミに取り上げられるのを喜んでくれました。

その後統計情報課長に異動になり、さらには国立公文書館次長に異動となりました。公文書館次長時代は**『変わる消費社会』『日本型ゆとり社会とは何か』**などの本を書きました。公務員としての立場と両立するために現在のポストに関わる本は書かない、ポストを異動してから公表調査結果だけを使って本を書く、ペンネームを使う、など自分としてはけじめをつけていたつもりでした。この経験がのちに昭和女子大学大学院に公文書コースを作る基礎となりました。

相変わらず通勤電車の中で夢中になって読んでいた本は、辻邦生の**『西行花伝』**、陳舜臣さんの**『小説十八史略』**、塩野七生さんの**『海の都の物語』**などでした。通勤電車ではだんだん本を読む時間がなくなり必要な文書を読んだり本のゲラや報告書の校正をしたりしていました。

管理職になり公務員としてのやりがいを感じる仕事が多くなるにつれ、読書、それも基礎的なしっかりした本ではなく、報告書や白書などを読むことが多くなりました。仕事に関連のある情報収集の一環としての読書が多くなっていく中でも、小説は私の息抜き、娯楽でした。「本を読んでいるやつに仕事のできるやつはいない」などと言われると、「私のことか」とギクッとしながらも、読書はやめられませんでした。

また、自分の本を献本していると、友人や知人からも本を贈られることが多く、八代尚宏さん、小峰隆夫さん、山田昌弘さんら活発な著作活動をされている方たちから著作を頂き、刺激を受け続けています。

第五章 実務に関係ない楽しみがスピーチに活きる

仕事に刺激を受け日本の歴史や政治学の基礎資料を読む

一九九一年、統計局から異動し、二年間国立公文書館次長を務めました。窓から皇居の素晴らしい緑が望める公文書館では比較的時間があり、読書量が増えたものです。

江戸城の紅葉山文庫のコレクションや明治以降の政府の公文書を引き継いでいたので、たくさんの原本の一次資料がありました。今まで読んでいた本はそれぞれの著者が解釈し加工した二次資料なのだと実感し、私のような読者とは異なり、研究者は忍耐強くこうした一次資料に向き合っておられるのだと敬服しました。

仕事に刺激されて日本の歴史や政治学系の基本資料を読んだのですが、個人的著作としては広報室や統計局の仕事を統括し、『**変わる消費社会**』『**日本型ゆとり社会とは何か**』という本を書き、それぞれNTT出版、PHP研究所から刊行していただきました。どちらも世論調査や家計調査など自分が携わった公表資料をもとに、バブルを経て変化のただなかにあった日本の消費動向やライフスタイルの変化、社会動向を自分なりに分析した著作です。

当時は、経済企画庁時代以来、経済指標を行使して社会を分析するのが手慣れてきていたので、自分では客観的な新しい視点を提供していると思っていました。また統計局の公表資料を活用した『**図説世界の中の日本の暮らし**』は大蔵省印刷局で出版してもらったのですが、薄い本だったからかたくさんの方に読んでもらえました。客観的に見える統計も、基準や定義が国により異なるので比較は一苦労でした。統計という膨大なデータから選ぶ視点や過程が重要なのだと痛感しました。

婦人問題担当室長に就任。十五年ぶり二度目のポスト

一九九三年七月、私は総理府の婦人問題担当室長に就任しました。室長としての当面の仕事は一九九五年九月、北京での開催が予定されていた第四回世界女性会議の準備をすることでした。ちょうど宮澤喜一内閣が総選挙で敗れて自民党一党支配が崩れ、日本新党など八党の連立政権が成立し、細川護煕内閣がスタートした政治の激動の時期でした。

婦人問題担当室も私にとっては十五年ぶり、二度目のポストでした。一九七八年に婦人問題担当室のポストを離れても女性関係の本や論文を執筆し続け、カナダやアメリカでも女性政策を勉強し自分なりに女性問題にライフワークとして取り組んでいるつもりでした。

しかしそうした個人としての努力は公務員としての業績ではありませんし、有能さを示すものとはみなされません。労働省設置法（当時）で「婦人問題の調査

及び連絡調整」は労働省の仕事と定められていたので、総理府の婦人問題担当室の位置付けは微妙で、歴代の室長は労働省からの出向者でした。初代の室長の久保田真苗さんは社会党の参議院議員となり細川内閣の経済企画庁長官として入閣されていました。女性官僚の人材の質も数も労働省は圧倒的でした。

その中で総理府関係の方たちをはじめ多くの方に尽力していただいたおかげで、私が総理府出身者として初めて室長に就任できました。二年足らずの在任期間中に宮澤内閣から細川内閣、羽田孜内閣、村山富市内閣と内閣は次々と変わり、婦人問題（女性問題）担当大臣は河野洋平官房長官、武村正義官房長官、熊谷弘官房長官、五十嵐広三官房長官と政治改革・政党再編の渦中にいる方々が次々とポストにつかれました。

その中で新たに男女共同参画という新しい行政分野を定義し、総理府設置法（当時）の中に「男女共同参画社会の実現にかかわる行政の総合調整」という文言を入れていただき、臨時的ではなく恒久的な組織として内閣総理大臣官房男女共同参画室が誕生したのです。社会から見れば大したことのない組織の変更ですが、公務員としては大仕事でした。一九九四年の国会は予算成立が大幅にずれ込み六月になりましたが、それを受けて一九九四年七月に私は初代の男女共同参画室長に就任しました。

思いがけず埼玉県副知事に任命される

それまでの婦人問題企画推進会議に代わって男女共同参画審議会も設置され、岩男壽美子慶應義塾大学教授に会長に、原ひろ子お茶の水女子大学教授などに委員に就任していただきました。婦人問題だけを扱うのではなく、男性と女性が力を合わせ、責任も成果も分かち合う新しい社会を作るのだと私たちも意気盛んでした。根拠となる法律、それに基づく権限もなく、定員も少ないので各省からの出向に頼り、予算も少ない弱小組織でしたが世論は好意的でした。

会議もホテルを借りる予算がなかったので官邸の会議室を使わせてもらうというように工夫したおかげで、かえって政府中枢が本気で取り組んでいる仕事と見られました。地方自治体との共同主催の会議や事業も、地方自治体の中に自分たち自身が関わらねばという気運を作るのに役立ちました。東京より地方のほうが男尊女卑的な慣習が残っていたので、地方の多くの女性たちは男女共同参画という言葉に勇気づけられ、活動が活発になっていきました。それまで県庁内で女性政策を担当する部署は貧弱で教育委員会の社会教育系の部署が担当している県が多かったのですが、県に総理府から通知を出し連絡窓口となる課を置いてもらいました。知事などの首長たちも女性を応援するのが政治的にプラスと考え、多くのイベントを始めたり女性用施設を造ったりしてくださいました。男性からはあまり重視されない仕事でしたが、「女性」が活動することが全国で草の根の女性たちから支持される幸せな時代でした。

私は男女共同参画室新設の次の仕事として、そうした地方の盛り上がりを世界会議に結びつけたいと考えていました。そのため政府間会議と並行して開催されるNGOフォーラムに、全国の女性たちにできるだけ多く参加してもらおうと働きかけました。その勢いで世界会議の決議を受けた男女共同参画社会推進の基本法を作るんだともくろんでいました。世界会議のホスト役をつとめる中華全国婦女聯合会の招きで北京・西安・上海なども訪問しました。当時は日中関係も友好的で前々年には当時の天皇皇后両陛下も訪問されていました。そんな中、思いがけず一九九五年四月、埼玉県副知事に任命されることになりました。

地方に波及した女性登用の潮流の中で、東京都や石川県、沖縄県に次いで四人目の女性副知事でした。女性の社会進出を応援する当事者として否という選択肢はありませんでした。例年三月半ばに二週間の会期で開催される国連婦人の地位委員会（当時）がその年は世界会議の決議案の原案作成のため三週間に延び四月にずれ込んだので、発令を延期していただいて、世界会議に思いを残しながらの赴任でした。

『自治体行政学入門』地方行政、地方自治を学ぶ

それまでの国家公務員から地方公務員に身分変更しただけでなく、埼玉県では今まで付き合ったことのない方々に出会い、仕事は全く経験のない地方行政で、新しい出来事の連続でした。県内の市町村から様々な行事、会議などにお声をかけていただいたので、誠実な若手県庁職員の星野秘書と公用車の中村運転手の三人組で、武蔵野の面影の残る中部や北部の農村地帯など埼玉県中を駆け回りました。走行距離は累計四万キロに達するほどでした。

埼玉県の南部は高度経済成長を支える働き手として地方から移住してきた新住

民の方が多く、埼玉都民といわれるほど東京に通勤通学し、地元自治体より東京や国の政治に関心がある方々が住んでいました。一方北部や秩父地方は昔ながらの地域社会が存続している農村地帯で、先祖代々長く住み続けている方が主流で、祭りや伝統行事もたくさん残っていました。選出されている県議会議員も北部は自民党の強固な地盤に支えられている土地の有力者の方、南部は新しい政党や組織の代表の方が多数でした。人口が急速に増えたので県民一人当たりの社会資本は不十分で、住みよさランキングでは四十七都道府県中の四十七位と下位を低迷していました。しかし東京に近く、働き口も多く、とりわけ昔から住んでいる方たちは豊かでゆとりのある暮らしをしておられました。さいたま新都心の建設、県立サッカー場の建設などのビッグプロジェクトも進んでいた時なので、建設業が盛んでした。

北京会議に政府代表として参加することはできませんでしたが、知事のご配慮で埼玉県女性団体の代表としてNGOフォーラムに参加することができました。まだ経済成長が始まったばかりの北京はタクシーも軽四輪で、自転車利用者が道路にあふれていましたが、人々のエネルギーは大きく成長を予感させるものでした。まだデパートなども品数が少なく、今日の繁栄と程とおいものがありました。

一九九六年四月には世界女性みらい会議を大宮市（当時）で開催し、アイスランドのヴィグディス・フィンボガドッティル大統領、北京会議NGOフォーラム事務局長だったアイリーン・サンティアゴさんなどもお招きしました。リーダーシップ111など全国から多くの女性団体が参加してくださいました。埼玉県は予算面では総理府より余裕があり知事が力を入れてくださったので、直轄事業として国際会議を主催できたのだと思います。

埼玉県とは全く関わりがないヨソモノであったにもかかわらず、多くの女性たちから初の女性副知事ということで応援していただきました。土屋義彦知事が政治的に強力で安定政権だったので、県議会でいじわるをされることもありませんでした。

私も国家公務員時代には知らなかった地方自治体の可能性を知りました。地方分権の風潮の中で多くの書籍も出版されていたので、通勤の電車の中が書斎になり地方行政、地方自治に関わる本を読みました。おくればせながら大森彌さんの『**自治体行政学入門**』などを読みました。中央から一方的に情報を発信するのではなく、地方の現場が最前線であり、地方でのGood Practiceが周囲に波及していく時代になったのだというのは新鮮な発見でした。

県庁の女性たちと勉強会を開き管理職試験を受験する人を増やすように応援したり、県立病院の副院長に看護部長がつくように後押しをしたり、職場で旧姓を通称として使用できるようにしたり、自分なりにできることをしました。県立の女性センターの設置も実現に向けて進んでいました。

スピーチには過去の読書が言葉の厚みとなってにじみ出る

しかし良いことばかりではありませんでした。赴任早々、長年多くの地方自治体で慣習的に行われてきたカラ出張、官官接待が発覚しました。架空の出張を発令しその旅費をプールして、中央省庁から出張してきた公務員との意見交換をする会食や冠婚葬祭などの費用にあてたりしていたのが告発されたのです。役職者は地位に応じて給料から補塡しました。

それ以上に大きな事件は埼玉県が舞台となった彩福祉グループ事件でした。埼玉県で六つの特別養護老人ホームを経営していた社会福祉法人理事長の小山博史という人が当時の岡光序治厚生省次官に贈賄して認可に便宜を図ってもらっていた事件です。高齢化が進む中で福祉施設を急速に増設するために多くの公費がつぎ込まれている時期だから起こった事件だといえますが、福祉関係者、厚生省、県庁に与えた影響は甚大でした。捜査への協力で社会福祉部・課は不眠不休の対応を迫られました。

事後処理として残された特別養護老人ホームの一つの運営を埼玉県看護協会に担っていただくことができました。

こうした事件はありましたが、埼玉県での経験は直接施策の現場に関わることができ、新鮮で刺激的でした。総理府時代は各省庁、国会議員、有識者・研究者、マスコミの方々を相手に仕事をしていたのですが、埼玉県では地元の中小企業、地方議員、団体の方々になりました。それまでの仕事では法律や規則は作ったり改正したりするもの、予算や補助金は取ってくるものと思っていましたが、法律は守るもの、補助金は目的に沿って執行するものとされているのが新しい経験でした。毎日のように会議、打ち合わせが十五分単位、三十分単位で入り、毎週県内の行事に出席して挨拶や打ち合わせ、また毎週のように県内市町村で講演をしたりしました。

在任中は土曜日も日曜日も出勤するような毎日で、忙しかった男女共同参画室長時代よりさらに自分の時間のない日々でした。本を読む時間もコマ切れにしか取れず、じっくり読書するのは電車の中だけだったのですが、挨拶などの時には今まで多くの読書をしていた蓄積が生きました。

古典や文学、歴史など全く実務に関係ない単なる自分の楽しみ、知っていても仕事には何の役にも立たない、と思っていたような知識がスピーチでは役に立ちました。係員として事務を処理する際にはそうした知識も教養も必要ありませんが、責任のあるポストに就任し、自分の言葉で初めての方々に語りかけなければならない場が多くなると、小説や短歌など過去の読書が言葉の厚みとなってにじみ出るのかなと思います。副知事を退任してから上梓した『**副知事日記**』は、それまで使っていたペンネームの菅原ではなく本名の坂東で書きました。

オーストラリアのブリスベンに総領事として赴任

一九九八年、三年間の副知事の後にオーストラリアのブリスベンに総領事として赴任することになりました。研究員としてハーバード大学に行ったことはあっても、外交分野に携わったことのない私が公館長になるのは思いがけない人事でした。今から考えればなんてありがたい機会に恵まれたのだろうと感謝でいっぱいですが、その時は母が八十代半ばで心臓を患い体力が衰え始めており、下の娘は中学三年生で受験を控え、どうしよう、困った、というのが率直な気持ちでした。

結局、母も娘たちが強く引き留めて東京で暮らすことになり、私だけが単身赴任しました。

オーストラリアという国の事情も十分知らず、総領事という初の仕事、慣れない生活という中の赴任でしたが、現地の人たちは本当におおらかで親切でした。

ボストンで暮らした時と同じように多くの女性が単身赴任の私にいろいろ声をかけて協力してくれましたので、寂しさを感じることはほとんどありませんでした。しかし家族そろって海外で生活することができなかったのは、寂しく情けないことでした。

発令されてからオーストラリアについて勉強しましたが、いかに自分がこの国や地域の歴史、政治、文化に無知か痛感しました。自分の世界史や文学についての知識はギリシア、ローマ以降ヨーロッパ中心でした。日本語でオーストラリアについて書かれている本も少なく、アメリカやヨーロッパに関するものと情報量には大きな差がありました。とはいえ英連邦の一国であるこの国はカナダと社会の共通点があり、アメリカとは少し異なった風景でした。

広い国土は豊かな鉱物資源、食料資源に恵まれていましたが、まだ十分には開発活用されておらず、人口は当時は二千万人にも届かずで、白豪主義の政策を転換しアジア太平洋地域からの移民を積極的に受け入れ始めていました。移民はできるだけ質の高い人に来てもらう方針で、移民してきた人やその家族にしっかり英語教育を行い、社会に溶け込ませようとしているのが印象的でした。単純労働を担う低賃金労働者ばかり受け入れていてはその時は役に立っても将来に禍根を残す、という考え方には大いに学ぶところがありました。

日本はバブル経済のころは、ゴールドコーストのゴルフコースやホテル、マンションの建築、サンクチュアリコーブのような高級住宅地の開発などに投資していましたが、バブルが崩壊した後は安値で手放すようなニュースがあふれていて悲しい思いをしました。日本経済が元気だったころには日本語の勉強をした方も多く、日本人で移住や長期滞在している方もたくさんいらっしゃいました。オーストラリアは再出発の人々をも受け入れる、日本以上に許容力のある国でした。資産をお持ちでリタイアメントビザを取って悠々自適の暮らしをしている日本から移住した方もいました。

ブリスベンも発展途上の街で人口は百万人ほどでした。雨や水に恵まれているのは東海岸だけで内陸にはアウトバックという灌木と草原の地帯が広がっていました。牛は牛舎もなく放牧され、小麦もヘリコプターで種をまくような農業で、日本とコストが大違いだとよくわかりました。総領事のポストについているのだからできるだけクイーンズランド州内を訪問しようと思っていたのですが、とても広大で移動に時間がかかり、隅々まで回ることはできませんでした。それでもグレートバリアリーフなど美しい自然には魅了されました。

読書ができる暮らし。ワーキングマザー生活とは雲泥の差

日本からリーダーシップ111という前述の女性団体が手弁当でブリスベンを訪問してくださり、州議会議事堂でのシンポジウムの後、公邸で現地の女性たち

と交流をしました。また、埼玉県の多数の女性グループが茶道や華道や日本舞踊を現地の団体や高校に紹介したり、公邸のレセプションに花を添えたりと、埼玉県副知事時代に知り合った方たちがたくさん応援に来てくださいました。

英語でせっせと日本について講演したり、日豪友好と理解の促進にはかなり貢献したのではないかと思いますが、総領事館の人たちには忙しい思いをさせてしまいました。

広い公邸、専用の車と運転手、住み込みのコック、通いのメイドなど、それまでの日本での時間に追われていたワーキングマザー生活と雲泥の差の、家事をしない生活をすることができ、本を読む時間もたくさんありました。

男性は日本でもこうした生活を送っているのだと認識を新たにしました。

総領事館には日本の新聞・雑誌も届き、日本から持って行った本だけでなく、友人たちが送ってくれた本もあって、日本語の文書を読むことが多かったため、英語は現地の新聞を読み、テレビを見ていてもあまり進歩しませんでした。しかし講演が多かったので自分で英語で書いた原稿を現地職員にチェックしてもらい、練習で発音も修正してもらううちに、人前で英語のスピーチをするのには慣れました。そうした努力が伝わり、現地の新聞にはたびたび写真付きで取り上げてもらいました。帰国に際しては州の名誉大使、大学の評議員などに任じていただき、帰国後二〇〇一年にはクイーンズランド工科大学から名誉博士号もいただきました。

基本的に単身赴任だったのですが、母も娘がつきそってブリスベンを訪ねてきて数週間滞在してくれました。母を車いすに乗せて歩いていると、段差がある場所では見知らぬ人たちが頼まなくても助けてくれました。バリアフリーのハード整備が進んでいる日本との差を感じたものです。次女は現地の私立高に通わせたのですが、大学受験の勉強をしなければいけないと日本に帰ってしまいました。

オーストラリアでの生活は二年足らずでしたが、ボストンと同じように多くの友人知人に恵まれ私にとって懐かしい土地になりました。

坂東眞理子基金（『**女性の品格**』の印税をあて、昭和女子大内に創設）で現地のクイーンズランド大学から若手研究者を招いたり、昭和女子大との間でダブルディグリー制度（二つの大学で学位を取得できる制度）を設置したりしています。

内閣府男女共同参画局の初代局長になる

五年ぶりで総理府に帰り、しばらく管理室長というポストを経験した後、二〇〇一年一月六日、省庁再編の中で誕生した内閣府男女共同参画局の初代局長に就任しました。多くの省庁や局が削減された中で唯一新設された局で、行政改革会議当時の橋本龍太郎総理、自社さ連立政権の「政治的意志」が反映された局でした。

予算も人員も少ない小さな新設局で、他省庁や埼玉県などの地方自治体、JICAなどから局員として出向してもらいました。森喜朗総理、そして小泉純一郎総理が積極的にバックアップしてくださり、また、福田康夫官房長官が男女共同参画担当大臣として他省庁を強力に指導してくださったので良い仕事ができました。

新たに設置された男女共同参画会議は閣僚と有識者が議員でしたが、岩男壽美子さん、原ひろ子さん、猪口邦子さんなどに加わっていただきました。また会議の下に専門調査会を設置し、大沢真理さんなど研究者や実務家の方々に参加していただきました。着任早々、議員立法をさせていただいた「配偶者からの暴力の防止及び被害者の保護等に関する法律」（略してDV防止法）の施行や、待機児童ゼロ作戦を打ち出すことができました。小泉総理の所信表明演説に盛り込んでいただいたり、総理自ら会議に出席してくださるなど官邸との距離がとても近いポストでした。

選択的夫婦別氏は自民党の中での反対が強く実現することはできませんでしたが、埼玉県で実施したように各省人事課長にお願いし、国家公務員も職場で旧姓を通称として使えるようにしました。全国の大学では既婚の研究者はほとんどの方々が旧姓を研究者としての名前に使っておられ、私の小さい種まきは根づき今も役に立っているのだと思います。アフガニスタンに和平が回復した時は、「アフガニスタンの女性支援に関する懇談会」を設置して提言を出したりと、法律に規定されていない仕事もどんどんしました。

一番忘れられないのは、二〇二〇年までにあらゆる分野の指導的な地位に女性が占める割合を三十％に増やすという目標をセットしたことです。二〇〇三年のことでした。当時、女性の専門家や活動家の方には十七年先では生ぬるい、と評判が悪く、一方、多くの政府・経済関係者からはそれだけの経験、能力を持った女性がいないのに三十%なんて無理だと言われました。それを「十七年先ですから、今から採用し育てれば女性の人材がどんどん増えます」と説得し、男女共同参画会議決定まで持ち込みました。しかし残念ながら二〇二〇年までには目標値に達せず現在は二〇三〇年までのできるだけ早い時期に実現するようにと、目標のペースが遅くなっています。社会保険の第3号被保険者、所得税の配偶者特別控除などの見直しは専門調査会から問題提起したのですが、専業主婦を妻としている男性も多く、女性自身からの反対もあって広範な支持を得ることはできませんでした。

また日本国内ではほとんど問題にされなかったのですが、皇室典範で皇位継承は男系の男子、とされているのは問題だと、国連の女子差別撤廃委員会の審査で指摘されました。皇室典範は一般の国民の権利には関わらない皇室内部の取り決めだと苦しい答弁をしました。

ジェンダーバッシングの嵐の中へ突入

しかしもっと厳しかったのは、二〇〇三年ごろから各地の県議会や国会でジェンダーバッシングの嵐が吹き荒れたことでした。現実には男女共同参画行政は予算も少なく、権限も弱く、強力なOB／OGもおらず、それほど大きい社会的影響力は持っていなかったのです。それなのに県議会で男女共同参画条例が採択されるなど実力以上に話題となり、それに危機感を抱いた方がいたのかもしれませんが、弱いからたたきやすかったのだと今ではわかります。

旧統一教会の影響の強い「世界日報」などのメディアで、「男女共同参画は日本の伝統に反する」「家庭を崩壊させる」などと批判されました。性別で差別されないようにという意味で使っていた「ジェンダーフリー」という言葉が良い意味での男らしさ、女らしさを否定するものだと意図的にこじつけ解釈されたり、障碍者教育の中でも性行為を分かりやすく示した教材を取り上げて、性教育は寝た子を起こすなどという意見が国会でも女性議員から出されたりしました。私たちも反論を用意していたのですが、マスコミでも保守的な言説が力を持つようになる時期で、女性を応援しようというリベラルから保守へ潮目が変わったことを実感しました。

ジェンダーバッシングは第一次安倍晋三内閣のころが一番深刻でした。私はその前の二〇〇三年八月に男女共同参画局長を辞任し、埼玉県知事選挙に立候補しましたが、当選することはできませんでした。その苦しい時に声をかけていただいた昭和女子大に二〇〇四年から行くこととなりました。

しかし大学は公務員世界とは別世界でした。『**不思議の国のアリス**』をもじって“Mariko in Wonderland”と言いたくなる世界でした。

それまで国家公務員として社会のために仕事をする、組織で仕事をする、チームで問題を解決するという働き方が身についていたのですが、大学に来ると自分で教育や研究を行い、資料づくりや採点など何から何まで自分で処理しなければならないので、自分の事務処理能力のなさに新入社員のような気持ちになりました。ＰＣに関わる技能もとても低かったので、一人の先生について教えてもらわなければなりませんでした。秘書の人もいないのでスケジュール管理も失敗ばかり、ダブルブッキングや無断欠席などもしばしば発生しました。私は講演することが多く、日本語でも英語でも聴衆の方から良い講演だと言ってもらえていたのですが、教室での男女共同参画についての授業では、学生は私が面白いと思うことに興味を示してくれず、こちらが常識と思っていることも知らず、自分がこの先大学で教えることができるだろうかと暗澹たる日々でした。

しかしその中から少しずつ大学での自分なりの貢献の仕方を見つけていきました。

第六章 まだまだ読みたい、学びたい

経験も自信もないまま飛び込んだ大学の世界

二〇〇四年四月から昭和女子大学教授、女性文化研究所所長として働き始めました。人見楷子《のりこ》理事長をはじめ幹部が危機感を持って女子大学を改革しようとされている中で、アカデミックキャリアのない私を招いてくださったのです。それまで短大を中心に良妻賢母教育をする女子大として成功してきた昭和女子大学も、一九九〇年代半ばからの短大離れの急速な進展の中で苦しんでいました。

二十世紀後半の日本社会では男性が企業戦士として二十四時間戦い、女性はその銃後の妻として戦士たちが後顧の憂いなく戦えるように、家事・育児から地域活動、親類付き合い、子供の教育、介護まで一手に引き受けていました。そうした社会が求める役割を立派に果たせる女性を育てる教育機関として、昭和女子大、特に短大は信頼されていました。そんな昭和女子大を三十年にわたって牽引してこられた人見楠郎理事長が二〇〇〇年に逝去され、長女の人見楷子さんがその後を継いで第三代の理事長に就任されていましたが、女性を取り巻く環境の変化は急速でした。

私は富山県の立山町立の小・中から共学の県立高校に進学し、国立の共学大学で学んだので、私立大学についても女子大についても全く不案内でした。でも男女共同参画社会を実現するには、女性たちが社会を支え生き抜く力を持たなければならないのは明らかです。公務員として法律や制度を作る仕事に携わりましたが、あくまでそれは環境整備です。女性自身が自分の人生の責任者として生きていく力をつけなければならないのは自明なので、男女共同参画社会を実現するために教育が極めて大事な仕事であることは理解していました。総論として女性への大学教育は意義深い仕事であることはわかっていても、具体的に私自身がその中で何ができるか、わかりませんでした。また、経験も自信もありませんでした。

『現代日本の生活保障システム』で頭の中を整理する

もともと教育者、研究者には向いていないと思って公務員という仕事を選んだのですし、授業も学生を面白くのせるほど話術はうまくない。本を何冊も書いていても「一般書ですね」ということで研究者としては評価されません。内閣府という組織の局長、参事官というポストについているから、社会に対する発言の機会を与えられ仕事もできましたが、そうした肩書もポストもない個人としての私に何ができるのか、どの程度の価値があるのか、見えませんでした。自分自身どうも場違いなところに来たなという感じでした。

それでも二〇〇五年四月には副学長に任命され、大学の全体像が少しずつ見えてきました。まず昭和ナースリーという認証保育所を設置しました。大学の教職員や学生・院生が利用する内部施設でなく地域の方にも利用していただける保育所にしたのですが、定員は二十五名のスタートでした。待機児童ゼロ作戦の時には全国で十七万人分の定員増の予算を獲得したのに比べ小さい数字でしたが、ゼロではないのだと自らを慰めました。このほか読売新聞との共同主催で女性フォーラムを三年にわたって実施させていただきました。

二〇〇四年には今まで携わってきた女性政策、男女共同参画行政についてまとめておこうと、**『男女共同参画社会へ』**という本を勁草書房から出していただきました。また大沢真理さんの**『現代日本の生活保障システム』『承認と包摂へ：労働と生活の保障』**やイエスタ・エスピン＝アンデルセンの**『福祉資本主義の三つの世界』**などを読んで、現代社会における女性に対する見方を整理するのに大変影響を受けました。

日本の日常から離れ自分を見つめ直す

ありがたかったのは昭和女子大がボストンにキャンパスを有していることでし

た。私がボストンで研究員をしていた一九八〇年ごろにはなかったのですが、一九八八年に取得した広大なキャンパスと教室、三百人近くが生活できる寮、カフェテリア、室内プールを備えた素晴らしい施設でした。英語コミュニケーション学科の学生が半年、一年などのプログラムで滞在し、アメリカ人の教員から英語指導を受けていました。私は二〇〇四年九月から知人の紹介でハーバード大学ケネディ行政大学院（ケネディスクール）のWomen and Public Policy Program（WAPPP）の研究員に受け入れていただきました。第一回の八〇－八一年時は一度も帰国せず一年近くボストンで生活したのですが、この時は日本で教えながら九月、十二月と二・三月、五月の連休前後と休みを織り交ぜてボストンキャンパスに滞在していました。一九八〇年に比較して円が強くなっており、自費で往復することができたのはとてもラッキーでした。

ボストンではルーシー、メアリーをはじめ古い友人たちが変わらぬ友情で迎えてくれ、スーザン・ファー教授やアンドルー・ゴードン教授ご夫妻のような信頼できる友人とも交流できました。日本財団の入山さんが協力してくださり、二〇〇五年五月に日本の社会と女性についてのシンポジウムもハーバード大学で企画開催することができました。ケネディスクールの若い日本人留学生たちとの出会いも幸いでした。公務員から大学へのライフシフトの時に、ボストンで日本の日常から離れて自分を見つめる時間が持てたのはとても幸運だったと思います。

悲しいことは、二〇〇四年九月、私がボストンにいったばかりの時に富山の姉の家に滞在していた母が持病である心臓の悪化により、三日間の入院で逝ってしまったことです。これまで長い間全面的に支えてくれた母の死に目に会えませんでした。そのせいもあり母が亡くなったという実感が湧かず、いつまでもどこかで生きているような気がしてなりませんでした。

『女性の品格』がベストセラーに

この間改めてアメリカの企業や公的団体で活躍する女性たちにインタビューしました。『**米国きゃりあうーまん事情**』から二十年余りの時間がたち、アメリカでは女性が働くのは当たり前になっていました。日本と異なり育児休業制度も公的な保育所もありませんでしたが、パートナーの男性たちがシェアし、民間のサービスが利用できるのが大きな違いでした。この調査とそれまでの知見をまとめてミネルヴァ書房から『**日本の女性政策**』という本を出しました。

WAPPP研究員の任期は一年だったので、二〇〇五年六月に終わりました。改めて二〇〇六年九月から二〇〇七年六月までUS-Japanプログラムの研究員として受け入れていただけることになり、またボストンとの往復が復活しました。

二〇〇六年には翌年から学長に就任することが決まりました。学生に将来どういう女性になってほしいのか考える中から書き下ろし、九月にPHP研究所から出版していただいた本が『**女性の品格**』です。発売後少しずつ版を重ね、年末までに五万部に達し感激していたのですが、年が明けても売れ続けて百万部を超え、二百万部を超え、二〇〇七年のベストセラーになりました。最終的には三百三十万部に達しました。これはＰＨＰ研究所の江口克彦社長（当時）のおかげです。

二〇〇七年に学長に就任しましたが、誰も注目しませんでした。しかし本が売れたことで、新聞や雑誌の取材、テレビ出演が急に増えました。私は公務員時代から新聞や雑誌の取材には慣れていましたが、テレビ出演は新しい経験でした。マスコミで私や著作が取り上げられるのは昭和女子大学の宣伝になるので良いことだと思い、積極的に引き受けるようになりました。『情熱大陸』に取り上げていただいたり、紅白歌合戦の審査員を務めたり、二〇〇七年は嵐のような忙しさの中で過ぎました。ＰＨＰ研究所からは続けて『**親の品格**』も出していただき、これも八十六万部売れました。『**女性の品格**』と合わせ、四百万部を超える部数となりました。

昭和女子大学で感じた、専攻のジェンダーギャップ

昭和女子大学は長らく、まじめで謙虚で礼儀正しく、丁寧で誠実な女性を教育することでは定評がありました。立派な男性の補佐役が務まるような女性を育てるのが目標という人もいました。そういう女性を否定するのではなく、それに加えて立派な男性に補佐してもらえるような女性を育てよう。言われたことを言われたとおりにできる女性ではなく、言われたことに何か加えることはないか、別のやり方ができないか、自分なりに考え提案できる女性になってほしいというのが私の希望でした。

学長となる前から昭和女子大学の学生にどのような女性になってもらいたいのか考えて、「夢を実現する七つの力」を持とうと打ち出しました。具体的には、

これからの女性は生涯働くのが当たり前になる、そのための武器として専門知識や資格を持つことが大事、その前提としてキャリア教育に力を入れ学生の就職を支援しよう、と考えて実行しました。金子朝子さん（私の後任の学長）、小原奈津子さん（金子さんの後任の学長）、森ます美さんのような昭和女子大に長く勤務されてきた教員の方たちも協力してくださいました。

組織体制としては、今まで就職を担当していた学生部の就職課をキャリア支援センターとして独立させました。またキャリア支援部を設置し、各学科で教員がキャリア支援委員となり、センターと協力しながら就職を支援する体制としました。また文部科学省が大学に求めているアドミッション・ポリシー、カリキュラム・ポリシー、ディプロマ・ポリシーの三ポリシーに加えて、独自のキャリアデザイン・ポリシーを作りました。各学科にもそれぞれのキャリアデザイン・ポリシーを策定してもらい、それぞれの学科で学ぶ科目がどのような力を身につけることを目指しているか、将来どのような仕事につく際に役に立つかが明確に見えるようにしました。

日本のビジネスパーソンに教養がないことがしばしば話題になり、もっと大学で教養教育をという声がありますが、女性について言えば教養はあるが、社会の組織の仕組みを知らず、理解もせず、そこで役立つ専門知識もない、というのが実情です。専攻のジェンダーギャップは解消されていませんでした。この点は私の大学時代と大きくは変わっていませんでした。

男性はもっとリベラルアーツ系の教養を積むことが必要で、それには大学時代にしっかり勉強し、広く本を読むことを期待されるのと同じく、女性は大学時代にリベラルアーツだけではなく、社会で生きていくうえで武器となる実学についても勉強する必要があると信じています。リベラルアーツについては私がそうであったように、大学で指導してもらわなくても自分の興味と関心を追求していけば一定程度身につきますが、大学では経済・法律・工学などをしっかり体系的に学習し指導を受けることが必要です。独学では困難な勉強をしたほうが良いと思います。

経済・経営学部は無理でも、グローバルビジネス学部ならできる

そして新しい学科の設置です。これは文部科学省への届け出・認可も必要なのでスタートは二〇〇九年になってしまいましたが、国際学科（英語コミュニケーション学科から独立）、健康デザイン学科（短大の食物科学科を統合）を設置し、生活環境学科もカリキュラムを変え環境デザイン学科としました。

これは文部科学省に提出する膨大な文書作成が必要なので担当の教員・職員たちの協力・努力なくしては実現不可能でした。今までも私は、従来ある学科や組織を改善するより、それとは別に新しい学科や組織を作って新しい取り組みをし

たほうが効果的、効率的だと考えて仕事をしてきました。新しい学科を作るのは前向きで楽しい仕事でした。

昭和女子大は教養系の日本文学や歴史、英文学、教育などの人文系の学部・学科が多く、共学系の大学に多い経営や経済系の学部・学科はありませんでした。女性がキャリアを積むには経済・経営系の学科が必要だ、と考えましたが、いまさら後発の昭和女子大が他の大学と同じような経済・経営系の学科を作っても実績のある大学には対抗できません。そこで昭和女子大の強みであるグローバル教育と組み合わせれば独自性が発揮できると考えて、グローバルビジネス学部を二〇一三年にスタートすることにしました。今まで経済・経営系の学部がなかったので、かえってそれが幸いし、古い教員の方はおられないので新しく実務系の広い分野から教員を集めることができました。

新学部設置に合わせて、実務に携わっておられる方々に研究員として来ていただく現代ビジネス研究所を設置しました。これは、私がミッドキャリアからハーバード大学で研究員にしていただいたのが本当にありがたい経験だったので、同じように社会人にとってキャリアの途中の止まり木のような役割を果たす場を昭和女子大学でも提供したいと思ったからです。経済界や企業とのつながりが少ない昭和女子大にとって、そうした分野で働いてこられた方との人脈を持つことは現実的なメリットとなります。一方多くの実務系の研究員の方にとっても、大学に関わり自分のテーマを研究したり、講義をしたり、女子学生とプロジェクト活動で接するのはよい刺激になると思いました。毎年十%から二十%の出入りはありますが、ほぼ百人余りの方に研究員として在籍していただいています。

新しい学部・学科を作るのと並行して短大を閉鎖しました。

公用車はなし、会食も自費が基本の学長生活

他大学の学長や理事長の中には週二、三日だけ出校している方もいますが、私は基本的に毎日、土曜日や日曜日も行事があれば出校しています。自宅が大学から二km余りと近いこともあって初めは自転車、最近では徒歩で通勤しています。公用車がないと貧乏な大学だと思われるとアドバイスしてくださる方もいるのですが、多くの私立学校は学生の納付金、保護者からのお金で運営されています。自分のためのお金はできるだけ使わないように、公用車はなし、会食も原則自費です。

それでも公務員時代に比べれば、拘束時間は短く、夏休み、冬休み、春休みがあり、夜の残業はほとんどありません（実験系の教授は夏休み中も毎日来ていますよ）。公務員時代に比べ、なんて人間らしい暮らしだろうと感動するばかりでした。平日の昼間でも自分の好きな本を読んでもよいし、外出してもよい。机に向

かって読書ができるというのも新しい経験でした。こういう恵まれた環境にいれば読書量は大幅に増えるかと思っていたのですが、通勤電車の中という時間が確保できなくなったので、総量としての読書時間はそれほど増えていません。私にとっては通勤時間は読書に割ける時間として重要でしたが、現在電車に乗ると昔のように新聞や本を読んでいる人はほとんど見られず、スマホを見ている人が大部分です。日本人全体の読書量が減少しているのを実感します。スマホやパソコンで情報を得ることはできますが、読書の代わりに若い人たちはどこからまとまった体系的知識を得、人生を学んでいくのか気になります。

昭和女子大学の図書館も約六十万冊の蔵書を持ち、特に近代文学のコレクションは充実しているのですが、学生はあまり利用していません。教員も職業として研究している時には「一般書」ではなく、研究書、いやそれ以上に学術論文を読まなければならないので、意外と専門以外の読書をする時間は多くなさそうです。

私は図書館からせっせと「一般書」を借り出しては読んで、「一般書」を書き続けています。私の好きな日本文学でも研究者が論文を書くには、狭い範囲で深掘りしなければならないので、部外者との接点が少なくなっています。

大学の外での活動に少しずつ声がかかり始め、国土交通省の社会資本整備審議会、文部科学省の中央教育審議会の委員も務め、いろんな財団の理事・評議員など公務員だった時と異なる立場から行政や公的活動に関わりました。

公益的な活動だけでなくいくつかの企業の社外取締役にお声をかけていただいて、経済・経営の問題にも携わりました。経済企画庁や世論調査担当や統計局時代の経験、大学の経営などでそれなりに経済社会の全体像と基礎は把握しているつもりですが、経済に関わる環境は日々変化していくので勉強が欠かせません。それでも自分が過去に読んできた大量の書物が、新しい分野の資料を読む際も基礎となっていることを実感しています。そして私の専門性として期待されているのは女性の登用、活用だと思いますので、少しでも役に立つように女性社員の研修、登用などへの提言をしています。

円安の進む日本で、海外の大学の卒業資格を取る

公務員時代より海外に行く機会は増えました。

昭和女子大のキャンパスのあるボストンには一年に二回程度は出張し、古い友人たちと会うことができるのは大きな喜びですが、アメリカの草の根の市民の善意を体現していたメアリーは二〇一二年に百二歳で亡くなりました。ボストンの日本人女性のゴッドマザーのような存在で、多くの人がお世話になった郁子・バーンズさんも八十歳で亡くなられました。でも多くの友人はアメリカでは定年制度がないので七十代でも働いています。

昭和女子大が継続してプロジェクトに関わっているベトナムのホイアン市やハ

ノイ市には何度も、モンゴルのウランバートルには二回出かけました。また中国の名門校、上海交通大学は一九九二年以来昭和女子大の海外協定校です。二代目理事長が菁菁堂《せいせい》という講堂を寄付したことでご縁が始まり優遇していただいているのですが、上海は北京と異なる中国経済のエネルギーを感じる都市でした。上海交通大学は中国の国家重点大学で理工系を中心とした名門校ですが、日中の政治的関係が緊張するたびに影響が現れます。二〇一三年度から始まった上海交通大学とのダブル・ディグリー・プログラムではすでに七十人以上の学生が修了しています。

私用で海外旅行をするには届け出が必要だった公務員時代の後遺症で、純粋な観光旅行はあまり気が進まず、何も仕事がないのに観光のために海外に行くのは少し気が引け、ほとんど行っていません。まだ旅行社の企画する海外旅行パックには参加したことがありません。その中で約百日で世界を一周するピースボートの船中で講演する機会があって、ギリシャのアテネからポルトガルのリスボンまで地中海を航海したのは忘れられない思い出です。大学に来てから海外に行く機会が増え、ご縁があって講演させていただいたポーランドのワルシャワ大学、イタリアのヴェネツィア大学には、その後昭和女子大の海外協定校になっていただいています。二〇〇五年当時は五校だった海外協定校は二〇二三年末現在五十二校にまで増えています。

このように昭和女子大学はグローバル教育に力を入れていますが、それを明確に示したのがテンプル大学ジャパンキャンパスの誘致です。テンプル大学はアメリカ、ペンシルバニア州立大学で、フィラデルフィアの本校には四万人の学生が学ぶアメリカの大規模大学です。一九八〇年代に日本の経済成長を見て多数のアメリカやカナダの大学が日本に進出しましたが、多くはバブル崩壊とともに撤退しました。日本では英語だけで行われる大学教育についていける英語力を持つ学生が少なかったこと、こうした外国の大学は大学と認定されず大卒資格が取れなかったことが影響しているでしょう。その中でテンプル大学は四十年以上にわたって東京都内で継続して大学教育をされていましたが、港区の三つの貸しビルに分散して授業を行っており、自前のキャンパスを持っていませんでした。ブルース・ストロナク学長とご縁があって知り合い、キャンパスを探しておられると聞いて、昭和女子大学のキャンパスに来ていただければどうかと提案して実現したのです。そのために昭和女子大学が二〇一五年に建設したばかりの体育館を新校舎に建て替えて、テンプル大学に貸与することにしました。当然多くの不安や反対の声がありましたが、これからの昭和女子大のためにも日本の大学教育のためにも一石を投じプラスになるからと、何とか説得してやっと認めていただきました。

賃貸料を大幅に割り引く代わりに昭和女子大学の学生を科目履修生として受け

入れてもらい、ダブル・ディグリー・プログラムをスタートするという非金銭的なリターンを期待しました。日本にいて昭和女子大の学費を五年間払えば日本の大学卒業資格と、アメリカの州立大学の卒業資格が取れるというのは円安の進む中で魅力的な制度だと思うのですが、まだ十分受験生にも社会にも認知されていないのが残念です。

働く母親支援ではなく、働く両親支援を目指して

昭和女子大はこども園から小学校、中学校、高校そして大学学部、博士課程までの大学院を有しています。こども園、小学校、大学院は男女共学で、中学校から大学学部が女子のみです。

昭和こども園はもともと幼児教育を行ってきた昭和幼稚園と二〇〇五年からスタートした認証保育所昭和ナースリーを統合して二〇一六年からスタートしまし

た。私は幼稚園と保育所は「文化」が違うので無理に統合する必要はない、当分は別々に運営していき、時代の趨勢《すうせい》は保育所にあるのだから幼稚園が立ち行かなくなってから統合したほうが良いと考えていました。しかし二〇一六年から昭和こども園がスタートしました。

私の子育てしていたころと異なり、父親の送り迎えが増えていて、朝は半分以上が父親が送ってくるように変わっています。こども園では働く母親支援ではなく、働く両親支援を目指そう、父親が保育園に関わるようにしようと園長たちと工夫しています。

小学校では二〇二四年度から国際コースを設置したので大きく変わると期待しています。国際コースは日本の義務教育を行う学校として認められたうえで、国語・道徳は日本語で、算数や理科、体育、音楽、図工などは英語で教えようという小学校です。

大学院も大きく変わろうとしています。

今まで大学院には生活機構研究科、文学研究科と、理系・社会科学系と文学・語学系の研究科がありましたが、それは研究者を養成することを目指していました。しかし私は研究者養成ではなく、社会人がもう一度大学で学ぶ場を提供したいと思っていました。そこで企業で働いている女性を対象として、キャリアカレッジを設置しました。平日の夜に大学まで来るのはなかなか強い意志を必要とします。そのため企業派遣という形のほうが参加しやすいだろうと企業会員を募っています。講座は初めは継続就業の意義や女性のキャリアについて考えるコースでしたが、次は課長クラスの管理職を目指す女性へのコース、次は部長などの上級管理職向け、そして今では役員を目指すコースと受講者の需要が変わってきています。

そして二〇二三年四月、本格的に社会人対象の大学院がスタートしました。社会福祉施設の経営・管理を行う人材養成の福祉経営コースと、消費者志向経営コースの二つです。コロナ禍の間にオンラインで授業する体制が整ったので、キャンパスでの学びとオンラインでの学びを併用できます。最短一年で修士号が取得できますが、自分のペースで学べるように取得した単位に応じて学費を払う単位従量制を取っています。

人生が長くなる中、仕事をしている途中でバッテリーチャージしなければならない、そのための学びの機会を提供するつもりなので、まだ日本の企業では大学院で学んだ結果を評価しないのですが、何とか多くの方に入学していただきたいと願っています。

『女性の品格』の印税で女性のための基金を作る

ところで二〇〇六年『**女性の品格**』で生まれて初めてベストセラーを書いて、その印税がたくさん入りました。どう使うのかと心配してくださる方がたくさんいましたが、別荘は行く時間、滞在する時間がないし維持するのが面倒、車は運転しない、子供たちの教育も終わっているということで急いでお金を使う目的がなかったので、印税の大部分を大学に寄付し昭和女子大学に坂東眞理子基金を作っていただきました。その基金の活動の一つとして、毎年その前の年に出版された本に女性文化研究賞をさしあげています。私が昭和女子大に来た二〇〇四年から二〇二〇年まで所長を務めた女性文化研究所の事業として行っており、二〇二四年で第十六回になりました。私はたまたま幸運にもベストセラーとなった本を書くことができましたが、多くの本は大きなエネルギー、時間、情熱を傾けて書かれるにもかかわらずあまり売れません。本を書くのは汗をかくだけでなく、この程度しか書けないのかと自分の才能の限界が明らかになるという意味での恥もかいて、しかし経済的には報われない。それでも本を書くことは自分の考えを社会に伝え、社会を動かす営為であり、現に私自身も先人が書いた本で育てられてきました。この賞はささやかですが、本を書く人たちに向けた私なりの応援歌です。前の年に出版された単著で、男女共同参画や女性文化を推進する内容の本から選んでいます。女性文化研究所の所員が一次予選で選んだ本から二次、最終審査を経て受賞作を決定します。私も毎年審査のために多数の応募作品を読まなければならないので、現代の女性に関わる議論の動向を把握する得がたい機会になっています。今まで辻村みよ子さん、大沢真理さん、山口一男さんらの著作などに賞をさしあげることができました。

このほか基金を活用してご縁のあるオーストラリアのブリスベンのクイーンズランド大学で日本研究をしている若手研究者を、毎年一人昭和女子大に招聘する事業も行っています。そうした積み重ねもあって研究大学として世界的ランクの高いクイーンズランド大学と昭和女子大学が協定校となり、ダブル・ディグリー・プログラムをスタートすることができました。二〇一九年からは上海交通大学の研究者も年に一人招いています。ハーバード大学からも若手研究者を招聘したいと思いましたが、スーザン・ファー教授から、ハーバード大学は企業や個人から豊かな寄付金が集まっているから少額の奨学金では感謝されないだろうとアドバイスを受けて断念しました。そのほか昭和女子大が三十年以上にわたって町並み保存の協力を行ってきたベトナム中部のホイアン市の小学校に校舎を寄付したり、細々と社会貢献活動をしています。

本は書き終わった瞬間から後悔にとらわれる

『女性の品格』をたくさんの方に読んでいただいたおかげで、その後も次々と本の企画のお声をかけていただくようになりました。おかげで『**女性の品格**』以後も毎年本を書いています。もう原稿用紙に書く時代ではなくなったので、速いとは言えませんが、パソコンのキーをたたきながらぽつぽつと書いています。公務員時代は仕事がすなわち本を書く際のインプットになっていたのですが、大学に来てからは自分でテーマを決め本を読んでいかねばなりません。本を書くのは読書をするとてもよい機会となっています。

書いている時は時間を忘れて取り組むほど幸せなのですが、一冊書き終わると、もっと別の書き方ができたのではないか、もっとうまく書けたのではないかと後悔にとらわれます。それが次の本を書くモチベーションになっています。しかしどの本もその時の自分としては最善を尽くして書いています。不十分なのは自分の才の拙さのためですが、出来、不出来はあってもどれも自分にとってはかわいいかわいい私の本です。中でも**『愛の歌　恋の歌』『時は移り、時は実る』**の二冊は故・岩渕綾子さんという女性経営者に出版していただきましたが、日本文学に関わるエッセイでとても愛着のある本です。

考え方、感じ方、正義感――人生は本なしでは存在しなかった

人生の前半期は本を読むことで知識を得、事実を知り、社会生活の基礎知識を身につけることができました。しかし熱心に読んだ本の多くは実生活でも学校の試験でも役に立たない文学や歴史書がほとんどでした。人生の半ばからは仕事をするうえで必要な知識を得るため、経済や政治、社会に関わる本を多く読みました。そして本を書く機会に恵まれて、自分の考えを明確に形作ることができました。本を書いているとよく知らないことに出会う。それでもっと本が読みたくなり、読んだ本によってもっと書きたくなりました。それでも自分が知らないことがわからないことが多く、きりがありません。

私の肉体は食べ物や運動で作られ、私の考え方、感じ方、正義観、人生観、社

会観は本によって形成されました。

私の人生は本なしでは存在しませんでした。私は本を読むこと、書くことによって育ててもらったと思っています。

公務員としての仕事も本を読むことで目的を持って行うことができました。今活字媒体はどんどん影響力を失いデジタル化が進んでいますが、ぜひ若い世代の方々にもたくさんたくさん本を読み、そして考えてほしいと心から願っています。

著者略歴

坂東眞理子
ばんどうまりこ

一九四六年、富山県生まれ。

一九六九年に東京大学卒業後、総理府（現内閣府）に入府。内閣総理大臣官房参事官、男女共同参画室長、埼玉県副知事、在オーストラリア連邦ブリスベン日本国総領事などを歴任。二〇〇一年から内閣府初代男女共同参画局長を務め、二〇〇三年に退官。

二〇〇四年から昭和女子大学教授、二〇〇七年から同学長、二〇一四年から同理事長、二〇一六年から同総長を務める。三三〇万部を超える大ベストセラーになった『女性の品格』ほか著書多数。

幻冬舎新書 738

人は本に育てられる

二〇二四年七月三十日　第一刷発行

著者　坂東眞理子
発行人　見城徹
編集人　小木田順子
編集者　壷井円

発行所　株式会社　幻冬舎
〒一五一-〇〇五一　東京都渋谷区千駄ヶ谷四-九-七
電話　〇三-五四一一-六二一一(編集)
〇三-五四一一-六二二二(営業)
公式HP　https://www.gentosha.co.jp/

ブックデザイン　鈴木成一デザイン室
印刷・製本所　中央精版印刷株式会社

検印廃止

Printed in Japan　ISBN978-4-344-98740-1 C0295
は-22-1

＊この本に関するご意見・ご感想は、左記アンケートフォームからお寄せください。
https://www.gentosha.co.jp/e/

幻冬舎新書

丹羽宇一郎
死ぬほど読書

「どんなに忙しくても、本を読まない日はない」——伊藤忠商事前会長で、元中国大使が明かす究極の読書論。「いい本を見抜く方法」「頭に残る読書ノート活用術」等々、本の楽しさが二倍にも三倍にもなる方法を指南。

出口治明
人生を面白くする
本物の教養

教養とは人生を面白くするツールであり、ビジネス社会を生き抜くための最強の武器である。読書・人との出会い・旅・語学・情報収集・思考法等々、ビジネス界きっての教養人が明かす知的生産の全方法。

山本多津也
読書会入門
人が本で交わる場所

本の感想を複数人で語り合う「読書会」は、一人の読書よりもメリットが多い。他人と語り合うことで本の内容がしっかり自分の血肉となる。日本最大規模の読書会主宰者がその醍醐味を伝授。

小谷野敦
面白いほど詰め込める勉強法
究極の文系脳をつくる

膨大な〈知〉を脳の許容量いっぱいにインストールするコツは「リスト化」「記号化」「年表化」の三技法！　文藝評論家で留学経験があり、歴史や演劇にも詳しい著者が教える、博覧強記になれる最強ノウハウ。

幻冬舎新書

大栗博司
探究する精神
職業としての基礎科学

価値ある発見は、自分が面白いと思うことを考え抜く「探究心」から生まれる――世界で活躍する物理学者が基礎科学の研究者としての半生を振り返る。学問を志す人、生涯学び続けたいすべての人に贈る一冊。

山口仲美
千年たっても変わらない人間の本質
日本古典に学ぶ知恵と勇気

実は性格が悪かった『竹取物語』のかぐや姫、華やかな女性遍歴ののち、人間の業に苦しみ、中年男性として成熟していく光源氏ほか。平安時代の文学作品は、現代の私たちに役立つ知恵と勇気の宝庫だ！

山中俊之
「アート」を知ると「世界」が読める

アートに向き合うとき最も重要なのは、自分の感性を動かすこと。本書ではアートを目の前にして、いかに問いを立て、深い洞察を得るかについて解説。アートの魅力が倍加すること必至の一冊。

小川仁志
「当たり前」を疑う100の方法
イノベーションが生まれる哲学思考

日本でイノベーションが生まれないのは、「当たり前を疑う」視点が欠けているから。常識・前例・成功体験を打ち破る助けとなるのが「哲学」だ。人気哲学者が、仕事にも人生にも役立つ100の思考法を伝授。

幻冬舎新書

森博嗣
勉強の価値

勉強は楽しくない(子供には特にそう)。だが、人は基本的に勉強すべきだ。何故か？　競争社会の成功者になるためではない。ただ一点「個人的な願望」からそう考える理由を、本書で開陳する。

齋藤孝
思考中毒になる！

考える達人になるには、寝ても覚めても常に考え続ける「思考中毒」になればいい。すると面白いほどにアイデアが湧き出てくる。そこで本書では、思考中毒になるための秘策を網羅。

野口悠紀雄
だから古典は面白い

無類の読書家であり経済学者の著者は「読書するなら古典」という。著者が推薦する本を読めば、そのめくるめく世界観に心浮き立つだけでなく、仕事で役立つ知識も身につくこと、請け合い！

原田マハ
ゴッホのあしあと
日本に憧れ続けた画家の生涯

53億円の《ひまわり》、72億円の《アイリス》などの傑作を生みながら生前は絵が売れなかったゴッホ。浮世絵と日本への憧憬、画商の弟・テオとの強い絆を丹念に解説した決定版ゴッホガイド。